意欲を高める
理解を深める

対話のある授業

教育カウンセリングを生かした授業づくり

編集　岸俊彦・水上和夫・大友秀人・河村茂雄

図書文化

まえがき

　「黙って座れば，ぴたりと当たる」というコマーシャルがあったが，教育カウンセラーはそのような超能力はもっていない。教育カウンセラーはクライアントの話をじっくり聞いて，意見・感想等を交換する。つまり対話により，相談を進める。

　授業においても同じである。教師は学習者（子ども）の意見を聞き，学習者の理解の程度，希望を理解して，それに応じた適切な知識を教えたり，勇気を与えたりする。つまり，対話をして，授業を展開する。

　対話の上手な先生の授業は，子どもがどしどし意見を発表する。教師と子どもたちの間ばかりでなく，子ども同士の意見もつながり重なり合って，学習が深まる。教室が盛り上がって，教材の課題の理解が深まるだけでなく，子どもたちのなかに，認め合い，共感し，助け合う気持ちが育ってくる。

　教育カウンセラーは対話の上手な教師になれる準備ができている。

　教師のなかには，対話のある授業ができるのは，特別の教科，特別の教材だという人がいる。ほんとうだろうか？

　この本の実践編を見ていただきたい。次の表1と表2はその一覧表である。表1は実践者の学年別である。小学校1年生から高校生まで含んでいる。学校種類も普通学級・適応指導教室・特別支援学校を含んでいる。表2は教科別，領域別である。国社数理音英・生活・道徳・学級・保護者会まで含まれている。だから，学校教育のすべての場面で対話は成立する。

　この実践は水上和夫先生を中心として，多くの先生が協力してできたものである。お礼を申し上げる。

　さらに，日本教育カウンセリング学会理事長・河村茂雄先生，常任理事・大友秀人先生，2013年度・学会研究大会会長・水上和夫先生に，授業にお

ける対話の意義，理論，技術について，高い視点から論文をいただいた。重ねてお礼を申し上げる。

(この本は，2013年度日本教育カウンセリング学会・研究大会のテーマが「対話のある授業のいま，これから」であるのをサポートするために出版した。)

明星大学名誉教授　岸　俊彦

表1：実践表（学年別）
実践15：小1年　学級活動
実践17：小1年　国語
実践12：小2年　生活
実践1：小3年　社会
実践10：小3年　国語
実践3：小4年　総合
実践18：小4年　理科
実践4：小5年　国語
実践2：小5年　音楽
実践14：小5年　音楽
実践19：小5年　外国語
実践8：小6年　道徳
実践13：小6年　社会
実践6：中1年　英語
実践11：中2年　数学
実践16：高1年　英語
実践9：高1～3年 （特別支援学校）　音楽
実践7：（適応指導教室）
実践5：小・保護者

表2：実践表（教科領域別）
実践17：小1年　国語
実践10：小3年　国語
実践4：小5年　国語
実践1：小3年　社会
実践13：小6年　社会
実践18：小4年　理科
実践11：中2年　数学
実践19：小5年　外国語
実践6：中1年　英語
実践16：高1年　英語
実践2：小5年　音楽
実践14：小5年　音楽
実践9：高1～3年 （特別支援学校）　音楽
実践12：小2年　生活
実践3：小4年　総合
実践8：小6年　道徳
実践15：小1年　学級活動
実践7：（適応指導教室）
実践5：小・保護者

序文　教育カウンセラーと授業

1　日本の教育カウンセラーは何をすべきなのか

　日本の教育カウンセラーの役割，守備範囲は何か，そのことをまず押さえたい。世界のなかでの日本の学校教育の位置，日本の学校教育制度の特性を押さえたうえで，日本の教育カウンセラーは何をすべきなのかを明らかにし，本書の意義にせまりたいからである。

(1)　学校教育の2領域　学習指導とガイダンス
　旧社会主義の国々，キューバや中国の学校を除くと，世界の学校は二つに分かれる（二宮，2006）。一つは「教科学習中心の学校」でドイツ，デンマーク，フランスなどのヨーロッパ大陸に典型的に見られる学校である。もう一つは「教科学習とともに課外活動（生徒指導体制を含む）を積極的に実施する学校」で，イギリスに関連のある国で，アメリカやかつての英連邦国家であった，オーストラリア，ニュージーランド，カナダなどの国の学校である。そして日本も，太平洋戦争敗戦後，アメリカ教育使節団の指導を受け，学校教育は特にアメリカのシステムがモデルになっている。
(2)　日本の学校教育の特性　学級集団制度と二つの柱の統合
　アメリカでは学習指導は教師，生徒指導（ガイダンス）はその専門の免許をもつスクールカウンセラー（ガイダンス・カウンセラー）らが担当するという分業制をとっている。
　アメリカでは生徒指導はガイダンス・アンド・カウンセリングと呼ばれ，学校のなかに定着している。生徒指導の対応内容は，教科・科目の選択履修指導，学業指導，進路・職業ガイダンス，心理相談，教育相談などからなっている。初期のころは教師がこうした機能を果たしていたが，そ

の機能の拡大とともに独立した専門職として扱われ,各専門の資格を有するスクールカウンセラー(ガイダンス・カウンセラー)たちが組織的に担当している。

それに対して,日本はアメリカの学校の教育内容をモデルにしている面が強いが,戦後から一貫して学習指導とともに生徒指導全般(ガイダンス)に関する仕事も教師が担当している。

さらに,英米の学級集団は,生徒個々の学習の定着に主眼がおかれ,学習集団としての機能体の面が主になっているのに対して,日本の学級集団は,最低1年間構成されるメンバーが固定され,そのメンバー集団を単位にして,生活活動,学習活動をし,児童生徒たち同士のかかわり合いを通した心理社会的な発達の促進を,その目的に有している。

日本の学校現場で用いられる「学級経営」とは,教師が学級集団のもつ学習集団と生活集団の二つの側面を統合し,児童生徒が,学校教育のカリキュラムを通して獲得される教育課題と,人間としての発達上の課題である発達課題を,統合的に達成できるように計画・運営することである。そしてその学習場面として,対人交流,集団体験を伴った授業や学級活動,行事などが設定され,その基盤に児童生徒が学校生活を送るうえでのホームとしての生活体験があるのである。つまり,教師が行う学級経営のなかに学習指導と生徒指導全般(ガイダンス)が密接に関連し,それが具体的に展開される場が学級なのである(河村,2010)。

要約すると,日本の学校教育の特性は,①「教科学習とともに課外活動(生徒指導体制を含む)を積極的に実施する学校」制度をとっている。②固定されたメンバーで生活面やさまざまな活動と授業を学級で取り組む日本型の学級集団制度をとっている。③学習指導とガイダンス機能を教師が統合して実施していくという指導体制をとっている,ことである。

近年,この日本の学校教育システムの特性が揺らぎ,学校現場では学習指導と生徒指導全般(ガイダンス)の両面に,さまざまな問題が噴出し,

教師たちは疲弊しているのである。
(3) 教育カウンセラーの役割として求められること
　河村らの調査研究（2005）でも，教師たちは日本の学校教育のシステムに限界を感じ，「専門家」にサポートを求めていることが明らかになった。教師が「専門家」に求めるニーズを以下に集約する。

> 　教師たちは専門家に，3次対応だけではなく，1次，2次を含めた学校のガイダンス機能全体への専門的な支援を求めている。
> 　その専門の領域も，臨床心理だけではなく，特別支援，社会福祉，グループ・アプローチ，教育カウンセリング，学級集団づくり・学級経営，矯正教育などと，学校で必要とされるガイダンス機能全体に及んでいる。

　以上の内容への対応が，日本の教育カウンセラーにその役割として期待されることになる。この期待される役割は，アメリカのガイダンス・カウンセラーの役割が土台となるが，日本の学校教育の特性を考えると，今後は，アメリカのガイダンス・カウンセラーが行う学業指導の枠を超えて学習指導の領域にもニーズが高まってくると考えられる。この領域に，日本の学校教育の特性を反映させ支援していくことが求められるのである。
　日本の学級教育のシステムのもとでは，児童生徒たちの人格の陶冶は，学級集団での共同生活・活動から体験を通して子どもたち自ら学んでいくという考え方が基盤にある。生徒指導や教育相談，進路指導も，この大きな流れのなかに位置づいて予防・開発的に展開されるのが理想であり，学習指導もその例外ではない。

2　学習指導と授業

　教育カウンセラーが学習指導を支援していく際のポイントは，児童生徒個々の学習に対する支援，一斉授業の展開に関する支援，の二つの大きな

視点がある。それらに対応するために，教育カウンセラーにはどのような知識と技能が求められるのかを述べたい。

(1) 児童生徒個々の学習に対する支援

児童生徒の学習活動が主体的で充実し，学習成果が定着するように支援していくためには，教育カウンセラーは児童生徒一般の性格や能力の特性，学習が成立し学力が定着するメカニズムなどについての一般的な知識が不可欠である。さらに，児童生徒個々のこれらの領域の能力の個別アセスメント（発達障害の問題も含む）ができることも求められるのである。

特に学習が成立し学力が定着するメカニズムなどは，学校現場の授業研究の領域ではあまり扱われない学習心理学の領域である。今後，この領域の知見を学校現場の授業研究に取り入れていくことが，教育カウンセラーには積極的に求められてくるだろう。

この領域のおもな注目すべき内容としては次のようなものがある。

例えば，「どうすれば効率よく勉強・活動できるのか？」，この問いに答えるためには，最低，学習方略（児童生徒が行う認知的活動情報の認知的処理の仕方），学習スキル（特定の課題を効果的に学習するための具体的な行動的技能）について検討して対応しなければならない。①学習方略や学習スキルの手続きについての知識が欠如しているならば，その手続きについて児童生徒に指導する，②何をすればよいのかの手続きの知識はもっていても適応場面についての知識が不足しているならば，学習方略や学習スキルの適応方法について児童生徒に指導する，という具合である。

また，児童生徒の学習意欲の問題もある。

教室には意欲が乏しい児童生徒たちもかなりの割合でいる。そういう場合，最初は教師側の働きかけがあってやらされたとしても，やっているうちに自らやりたくなり自主的に取り組むようになったというような，外発的動機づけから内発的動機づけへ内在化されるプロセスにも注目すること

が大事である。動機づけに関する知識は不可欠である。

　教える側に以上のような理解がないなかでの学習指導は，児童生徒に一方的な押しつけになってしまい，児童生徒は学習が成立しないばかりか，学習に取り組むこと自体が嫌になってしまうこともある。それをその児童生徒が悪い，としては何も変わらないのである。授業を実施する者は，これらの知見は最低限押さえなくてはならない。学習心理学の領域は，それ自体大きな領域であるので，巻末に参考文献をあげておく。

(2) 一斉授業の展開に関する支援

　日本の学校は，学習指導も教師による一斉指導が主流で，子ども同士の学び合いが大事にされている。学級集団での一斉授業を展開することがおもになる日本の学校教育では，授業での児童生徒の学習は個人的な過程であるとともに，「学級集団」の影響を強く受ける社会的なものである。この特性を踏まえたうえで大事なことは，「授業という集団活動を，より児童生徒個々の学習が充実するように展開できるか」ということである。

　授業は学級のすべての児童生徒が参加する集団活動であるから，まさに学級集団の状態が授業の内容に大きく影響する。学級集団が教育環境として児童生徒が互いに建設的に切磋琢磨するような状態と，相互に傷つけあい防衛的になっている状態とでは，児童生徒個々の学習意欲や学習活動には大きな差が生じ，それが学力の定着の差につながるのである。

　したがって，教育力のある学級集団形成の方法論，学級集団の状態の把握方法，学級集団の状態別の授業の展開方法とそれに伴う教師の指導行動の方法論，などにこたえられることが教育カウンセラーの能力として求められてくる。

3　教育カウンセラーと授業：「対話のある授業」の位置づけ

　よい授業は，児童生徒個々の学習にプラスの影響を与えるものである。

児童生徒個々の学習活動が主体的で充実し，学習成果が定着し，新たな学習意欲を喚起するものである。そのためには，以下の①②③④を有機的に，高いレベルで達成しなければならない（参照：拙著『授業スキル』図書文化）。

　①学習心理学の知見（学習方略や動機づけなど）
　②教科教育の知見（教科の特性，教材の工夫など）
　　　　↑↓
　③授業の「構成スキル」×「展開スキル」
　　　　↑↓
　④学級集団の状態（児童生徒個々の特性×相互の関係性×発達段階）

「構成スキル」とは，授業場面や展開のデザインなどの授業の流れの大枠を設定するスキルである。「展開スキル」とは，発問，指示，説明，提示，活動の促進などの「教師の能動的対応スキル」と，発言の取り上げ，賞賛，注意，集団の雰囲気づくり，自己開示など「子どもへの対応スキル」という大きな二つの柱がある。

学校現場の授業研究は，②の教材研究が中心になることが多い。しかし，よい授業を成立させるためには，教師は②だけに注目するのでは不十分で，①③④への確実な対応が不可欠なのである。

本書の「対話のある授業」は，上記の③の段階に注目したものである。当然，ほかの①②④の領域と有機的に関連をもっていることはいうまでもない。逆に，③の展開は，①②④の条件に大きく規定されてくるのである。このような検討がなく，教える側の思いだけで特定の方法を駆使した取組みは，木に竹を接いだようになり，児童生徒の学習にプラスになるとは言い難い。教育カウンセラーが授業を支援していくというのは，以上の①②③④の関連を踏まえて行うことが必要である。

早稲田大学教授　河村　茂雄

意欲を高める・理解を深める
対話のある授業——教育カウンセリングを生かした授業づくり
目次

まえがき●2

序文　教育カウンセラーと授業　河村茂雄●4
1　日本の教育カウンセラーは何をすべきなのか●4
2　学習指導と授業●6
3　教育カウンセラーと授業：「対話のある授業」の位置づけ●8

第1章　対話のある授業の歴史・目的・意義　岸俊彦●13
第1節　教授学習過程の分類●14
第2節　教授法の歴史●17
第3節　対話力をつける●21
第4節　教育カウンセラーの行う授業●24
第5節　対話力の欠如の危険●26
第6節　対話のある授業の目的・意義・効果●28

第2章　教育カウンセリングと授業づくり　大友秀人●35
第1節　キーワード●36
第2節　専門性●37
第3節　対話のある授業●38
第4節　SGEと授業づくり●42
第5節　人間関係のツボ●45
第6節　養成講座の感想●46

第3章　対話のある授業の理論と方法　水上和夫●49

第1節　対話のある授業の目的●50

第2節　カウンセリングと授業づくり●53

第3節　対話のある授業の理論●62

第4節　対話のある授業づくりワークショップ●80

第5節　対話のある授業で教師が変わる●97

第4章　対話のある授業をすすめるコツ(実践例)●105

①シェアリング　ふれあいをもとに活動をつくるコツ ─────

1　調べよう物をつくる仕事―ねぎをつくる仕事―（小学校3年　社会）高川芳昭●106

2　日本と世界の音楽に親しもう（小学校5年　音楽）島田昌美●112

3　ぼくらがつくる堀小ビオトープ（小学校4年　総合的な学習の時間）荒田修一●118

4　朗読をしよう―「大造じいさんとガン」―（小学校5年　国語）村田巳智子●124

②自己開示　いま，ここで感じたことを大切にするコツ ─────

5　保護者への働きかけ―校長が自分を開き，子どもの姿を伝える―（小学校　保護者会）森沢勇●130

6　三単現の表現を用いた他者紹介―さまざまな人物を紹介しよう―（中学校1年　英語）永田悟●136

7　適応指導教室での実践―かかわりとふれあいを深める―（中学校　適応指導教室）水畑久美子●142

8　きまりを守る―公徳心・規則尊重・権利義務―（小学校6年　道徳）高田公美●148

9　モノオペラをつくろう―歌詞をもとに自分の演出で，歌い振りつ

けよう―(肢体不自由特別支援学校・高等部1～3年 音楽)池田陽一●154

③活動展開 子どもを引きつけ,活動意欲を高めるコツ ────
10 細かい点に注意して読み,考えをまとめよう―説明文「冬眠する動物たち」―(小学校3年 国語)藤井朋子●160
11 連立方程式(中学校2年 数学)赤座和子●166
12 あそびランドへ ようこそ(小学校2年 生活)黒田陽子●172
13 明治の国づくりを進めた人々(小学校6年 社会)三田祐輔●178
14 曲想を味わおう(小学校5年 音楽)杉本淳子●184
15 心のなかの鬼にさよならしよう(小学校1年 学級活動)秋山沙紀●190

④介入 うまく進行しない状況に対応するコツ ────
16 Dreams Are for Everyone―夢はすべての人のためにある―(高校1年 英語Ⅰ)中畑幸子●196
17 こんな いしを みつけたよ(小学校1年 国語)古畑裕香里●202
18 物の体積と温度(小学校4年 理科)髙島英公子●208
19 学習発表「英語で話そう」の準備を進めよう(小学校5年 外国語活動)島田昌美●214

引用・参考文献●220
あとがき●221

第1章

対話のある授業の歴史・目的・意義

明星大学名誉教授
岸　俊彦

第1章 対話のある授業の歴史・目的・意義

第1節 教授学習過程の分類

1 教授学習過程の分類

　授業は，教師の発言（教授）と子どもの発言（学習）の連続で成立する。その過程を分類する。分類する基準は，教師の発言をリードの強さ（強・中・弱），子どもの発言を自発性の強さ（強・中・弱）とする。その組合せにより分類した教授学習過程の種類をまとめたのが，下の表である。（注：岸，1981，p.225より一部変更して作成した）

表：教授学習過程の種類

教師＼子ども	自発性：弱	自発性：中	自発性：強
リード：強	①説話法 ②狭い問答法		⑤対話法
リード：中		③広い問答法 ④司会法	⑥方向づけられた討論法
リード：弱			⑦受容法 ⑧討論法

2 各過程の説明

　各過程を簡単に説明する。1時限の授業のなかで，一つの方法だけが占めることはまれである。いくつか方法を組み合わせることにより，その教師の授業の特徴が生まれる。

①説話法
　　教師が新しい教材を説明したり，過去に教えた教材を振り返って説明したり，お説教したり，怒ったり，ほめたりする。教師が1人で活動する方法である。この典型は教師中心の一斉授業である。幼稚園・保育所では少ないが，学年が上がるにつれて，増えてくる。大学の講義は，ほとんど教授の一人舞台が多くなる。

②狭い問答法
　　教師の狭い質問に対して，子どもが狭い答えをする。狭い質問とは，T「日本の首都はどこですか？」　C「東京です」のように，答えがイエスかノーか，簡単な一言半句で答えられる問題である。したがってこの問答法を一問一答法ということもある。
　　この方法は説話法に続いて，教師の説明が子どもに理解されているかどうか確かめるために使われることが多い。
　　また，問題の理解を深めるために，教師が子どもを追及する場合に使われることもある。

③広い問答法
　　広い質問とは，多くの子どもの意見や感想を聞く場合にしばしば使われる。例えば，「兵十が，ごんぎつねを鉄砲で撃った後で，どういう気持ちになったでしょうか？」と先生が質問する。子どもからはいろいろな意見や感情が返ってくる。
　　広い問答法の特徴は，1人の子どもが答えた直後に，先生が「そうだね」とか「え，違うんじゃない」などのフィードバックをつけ加えることである。

④司会法
　　広い問答法と似ているが，子どもの発言の後に，教師のフィードバックが少ないと司会法になる。4～5人の子どもの発言の後に，教師はまとめてフィードバックをする。そして，次のトピックスを指定して，そ

れに関する子どもの発言を求め，授業を展開する。

　　教師は講義者よりも，司会者の役割が多くなる。
⑤対話法

　　教師が授業の初めに本時のテーマを述べ，それに関する情報を提示するのは説話法と同じである。しかし，その後の展開がまったく異なる。

　　教師が何か質問があるか，意見があるかと聞くと，次々に手があがり，教師の説明の言葉，内容に関して質問や意見が出る。教師は自分だけで答えず，ほかの子どもに質問を振って，子どもの考えをつなげる。子どもは，教師に質問するだけでなく，ほかの子の発言に対しても質問したり自分の意見を述べる。教師と子どもの対話のみならず，子ども同士を含めた対話が行われる。
⑥方向づけられた討論法

　　教師は本時の数個の課題を一つずつ取り上げて，子どもに討論させる。

　　例えば，国語で「兵十の気持ちの移り変わり」を討論する。子どもの意見が出尽くした場合，または煮詰まったときに，教師がそれまでに出た意見をまとめて，次に「ごんぎつねの気持ちの移り変わり」を討論する。

　　大きな方向は教師が決めるが，そのなかの小さなテーマの展開は子どもにまかせる。司会を生徒がする場合もある。
⑦受容法

　　授業の初めに教師が本時の課題を述べるが，その後は子どもの発言を続ける。教師は，子どもの発言を受容したり，明確化したり，支持することを中心にする。非指示的カウンセリングの手法に似た展開である。

　　教師の意図した方向と違う方向に討論が進むことがあるが，教師は我慢強く辛抱する。脱線したり，枝葉末節にこだわったり，堂々巡りをする場合に，教師が介入して軌道修正することがある。
⑧討論法

単元を学習する始めの数時間で、その単元で取り上げる小テーマを数個決めておく。そのなかから、本時の課題を前時に決めておく。司会者を子どもがする場合が多い。司会者が本時の課題を確認して、討論を始める。教師は全員が参加するように配慮する。

方向づけられた討論の場合は、討論の節ごとに教師がまとめて、次の討論の方向づけをするが、討論法の場合は子どもの追究に任せることが多い。教師はいつでも必要に応じて介入し、意見を述べる。教師の出場、出方についての研究が必要である。

＊日本の教室では、①説話法と②狭い問答法と③広い問答法の組合せが多い。⑤対話法を希求する教師は多いが、実践がいまだ定着していないのが現状である。

第2節 教授法の歴史

1 対話の時代

何千年の昔から宗教等の教典は、対話により伝えられてきた。教典はすばらしい対話の宝典である。そこには、弟子の問いに答える師の言葉がある。その対話は、師の一方的な説教よりも、聞く人にわかりやすく、説得力がある。師の言葉から広い、深い人生観・人生哲学が心にしみてくる。ページの制約があるので、論語、聖書、仏典の対話をほんのわずかであるが紹介する。詳しくは、原典で勉強してほしい。

①論語の中（谷沢・渡部，1997, p.214）

弟子の子貢が尋ねました。「簡単に一言で、一生涯それを行う価値の

あるものがありましょうか？」
　孔子が答えました。「それは恕（ゆるす）でしょう。人の身になることです。人の身になってみれば，自分の欲しないことを，人に加えることなどできることではありません。」

②聖書の中（『聖書（ルカ）』，p.18，p.20：要旨）
　イエスを捕らえようとした祭司長たちは間者たちを送り込んだ。間者たちはイエスに質問した。「私たちは，あなたが真理に基づいて神の道を教えておられることを知っています。ところで，私たちがカイザルに税金を納めることは，律法にかなっていることでしょうか？」
　イエスは言われた。「デリナ銀貨を私に見せなさい。これは誰の肖像ですか？　誰の銘ですか？」「カイザルです。」
　イエスは彼らに言われた。「では，カイザルのものはカイザルに返しなさい。そして，神のものは神に返しなさい。」（『聖書（ルカ）』，p.20）

③仏典の中（増谷，1980，pp.92－94）
　ブッダが竹林園で休んでいると，他宗の僧が怒鳴り込んできて，仏教の悪口雑言を言い出しておさまらない。そこでブッダは彼に問いかけた。
　「バラモンよ，あなたの家に友達や親戚など，お客の来訪することがありますか？」「もちろん，私の家にも客の来訪がある。」
　「では，その時，あなたの家でもご馳走を出すことがありますか？」
　「もちろん。」「その時，もしお客がそのご馳走を戴こうとしなかったら，それはどうなりますか？」「それは仕方ない。私のものになるよりほかにないではないか？」
　「バラモンよ，今あなたは私に向かって悪口雑言を浴びせかけてきた。しかし，私はそれを頂戴しない。すると，その悪口雑言は，ひるがえって，もう一度あなたのものとなるよりほかないでしょう。」

2 寺子屋時代

　論語，聖書，仏典は当時の社会の一部の人しか学べなかった。
　日本で庶民が学ぶようになったのは江戸時代になってからである。その時代は村や町にある寺子屋が中心になった。寺子屋は先生が数人の子どもの一人一人に読み書きの教材を手書きで与えて，それで勉強させた。子どもは，教材を一つ学習すると先生の机の前に行って，先生から評価の言葉をもらって学習を進めた。つまり1対1の対話で進行していた。

3 義務教育時代

　この教育方法が変わったのは，明治維新により，寺子屋を廃止して小学校に移行したからである。当時，小学校の先生を急増させるために，本の印刷が間に合わないので，教室の前面に掛け図をかけて，多くの子どもに一斉に教える教授法を普及させた。これが教師中心の一斉授業の始まりである。
　明治16年に発行された『改正教授術』（若林虎三郎・白井毅）には掛け図を使った教師中心の一斉授業が一問一答の狭い問答法で書いてある。また，後に1校時の授業の展開を準備・提示・比較・統合・応用の順序として，これを教授5段法の模範として行うことを示した。これが教師の資格試験の模範解答となったから，日本中の学校に広まった。当時は義務教育は4年制であったが，この教師中心の多人数一斉教育が教育予算の少ないのを補うために広まったのである。
　その後，授業が形式に流れて，子どもの活動の実態にそぐわないと，批判が相次いで起きた。特に，大正自由教育は大きな改革の力になった。しかし，保守化する政治のもとで，内務省（警察）と文部省の強力な視学官の指導により改善は押しつぶされてしまった。教育内容は，教育勅語を原

点として文部省が決定し，教師はそれを教師中心の一斉授業で子どもに注入することが教育の典型になった。政府による思想・言論統制が教育を通して徹底されたのである。

4　戦後の時代

　敗戦によりアメリカ軍に占領された。その指示により，民主教育が導入され，文部省も民主教育を実施した。社会科が始まり，子どもの活動を中心とする授業が始まった。空襲で学校は焼けてしまい，教科書もノートもなかったけれども，教育の現場には青天井が広がった。教室も学校も民主的になり，万事話し合い決められるようになった。クラス会も児童会も生徒会も，子どもも先生も自由に対話して規則を作った。

　社会科を中心とする熱心な教師は，子どもが活動する教育法を追求した。しかし，大部分の教師は戦前に自分が教わった教育法を踏襲した。教師も教育行政も生活に追われて，授業法の改善までには及ばなかった。

　政治の保守化が進み，教育委員を公選で民主的に選んだ教育制度は数年で終わった。教育委員を自治体の長が選び，議会が承認する制度に変わってしまった。日本では教育を市民が直接に管理運営する民主的思想が定着していなかった。

5　社会の民主化

　日本の各種の法律や教育の民主化はまだ未熟である。例えば，民主政治の根本である「1人が平等に1票をもつ選挙制度」が保障されていない。これで民主国家かとあきれてしまう。しかし，基本的人権を尊重する思想は，歩みは遅いが，市民の間に着実に進歩している。個人の自由と平等は戦前の日本の社会に比較すれば明確に保障されている。例えば，男女差別

は少なくなっている。女性の大学進学率は男子より多くなっている。身分差別も少なくなっている。貴族はいなくなった。士農工商の差別もなくなった。警察官がいばるのは少なくなった。言論も自由になった。警察による出版への事前検閲はなくなった。

教育カウンセラーの誕生は，大きな教育の歴史のなかで見ると，人権尊重の流れのなかにあって，その流れを促進するものである。

第3節 対話力をつける

1 対話力の定義

「相手の意見を理解し，自分の意見を述べる。さらに相手が自分の意見を理解し，相手が意見を言う」

このように会話が往復できる能力を対話力という。

対話力とは，みんなの前でも，相手に向かってはっきりと自分の意見や感情や意思を述べる能力である。相手は友達に限らず，親に対しても，先生に対しても，上司に対しても，年下の人に対しても，異性に対しても，外国人に対しても，自由にものが言える力である。陰でこそこそ言うのではなく，面と向かって発言できる力である。つまり，いつでも，どこでも，だれに対しても，はっきりものが言える能力が対話力である。

2 自主性を育てる

したがって，対話力を育てることは，自主性を育てることを含んでいる。自分の意見を言ったら他人に悪く思われるのではないかと思って，発言を

抑えるのは自主的ではない。もし間違ったら恥ずかしいから意見を言わない，または言えないのは，自分より他者を重んじた他者中心の態度である。

3 心をつなぐ

　しかし，1人で言うだけでは，対話にならない。対話は，相手と言葉を交わし，同時に顔の表情や身体の表現を交えて，問題を解決するために行うものである。言葉だけでなく，心が伝わって，対話ができるのである。つまり，相手の言葉を理解する知力と相手の言い分を受け止める受容力が必要になる。そうして，お互いの心がつながるのが実感できる。
　意見が一致する場合でも，意見が異なる場合でも，心がつながる場合に意見を深めることができる。心がつながらないと，反発が起きて相互の意見を深めることができない。言葉尻をつかまえて，対話が表面的に流れてしまう。

4 知力・人生哲学を育てる

　対話を続けることにより，自分の知らない知識を獲得したり，新しい見方を知ったりして，知力を磨くことになる。

5 対話力の成長

　人間は，生まれたときから会話ができる能力をもっている。つまり，会話ができるのは本能である。赤ん坊もお母さんとお話ができる。
　成長するにつれて，会話の対象が広がる。お母さんから，お父さん，兄弟姉妹，近所のおじさん・おばさん，遊び仲間。小学生くらいになると，近所のお店屋さんで買い物ができる。中高生になれば，日常生活の用は足

せるようになる。高校生が学校に行く楽しみは，友達に会って話ができるのが一番だと感じている人が多い。さらに，生徒会でも，対話して問題解決をすることができる。

　大人になれば，社会人として職業生活に十分な対話ができる。最近では，外国人との国際交流があたりまえになった。国際間の問題も対話で解決する場面が増えてきた。

6　日本の平和のために

　特に，日本は戦争の体験を踏まえた憲法で，国際紛争は武力でなく平和的に解決することを決心したのである。その方法は対話である。

　例えば，北ではロシアとの北方領土問題がある。西には韓国と竹島問題がある。南には中国と尖閣諸島問題がある。日本政府はいずれも古い文書を根拠に日本の固有の領地であると固執しているが，相手国にもそれぞれ理由をもっている。だから，古い文書，それもせいぜい数百年の範囲の文書，しかも，自分に都合よく書いた文書をもちだして主張しても，解決しない。古い昔のことではなく，われわれの父親，祖父の歴史のなかで，日本が朝鮮・中国・ロシアで行った非人道的行為を反省し，おわびを含めて，日本が譲って，これらの問題を対話で解決することが現実的解決法である。

　例えば，ロシアは北方の2島は返すと言っている。日本は4島に固執している。だから対話により2島と4島の間で妥協することができるはずである。竹島は植民地時代に日本が行った行為を謝罪して，わび状をつけて韓国へ返す。尖閣諸島は日本が満州事変以来15年間の侵略戦争の行為を謝罪して，わび状をつけて中国へ差し上げる。

　これらの交渉の対話のなかで，付属するほかの条件（漁業問題・海底の利用・軍事基地を置かない等）を平和的に解決することが重要である。

第4節 教育カウンセラーの行う授業

　教育カウンセラーの主張は，子どもの人権を尊重すること，個人の発達成長を援助すること，を目的としている。
　したがって，教育カウンセラーが行う授業の特色を明らかにしよう。

1　教育カウンセラーは子どもを理解する

　教育カウンセラーが，クライアントが相談に来たときにまず初めにすることは，クライアントを理解することである。授業であれば，教える内容に適した学習のレディネスが子どもにあるかどうかを知ることである。そのためには，子どもと対話して，子どもの能力，個性を知る必要がある。
　また，逆に子どもから「……がわかりません」と質問されることがある。質問されたら，子どもを理解するチャンスである。子どもが質問すると怒る先生がいるが，怒られた子どもは，「先生は怒るから嫌いだ」と心を閉じてしまう。怒る先生には怒る理由がある。「既に教えた内容である」「授業の進行を妨害してしまう」。しかし，工夫すればしからない方法はいくらでもある。例えば，「だれか説明してくれる人はいないかな？」「いまは，あなたに説明していると時間がなくなるから，休み時間に聞きにきてください」等。質問に大勢来たら，私は人気があるんだと自信をもってよい。

2　教育カウンセラーは子どもに合っている教材を選ぶ

　子どもに合っている教材とは，やさしすぎてはいけないし，むずかす

ぎてもいけない。努力すればできる程度がよい。かかとをあげて，背伸びして，手を伸ばして届く程度がよい。学習指導要領や教科書は，過去の長い経験を重ねてカリキュラムを作成している。したがって，日本の平均的子どもには合っているはずだが，目の前の子どもに合っている保証はない。それを決めるのは担当する教師の責任と義務と権利である。

私は東京都立・某定時制工業高校の数学を担当したことがあった。そこのほとんどの生徒が中学校の教材である $y=2x+3$ のグラフがかけなかった。だから，高校１年の数学の教科書にはまったく歯が立たない。そこで，中学１年の教科書を使った。教科書は学校の図書館の費用で買ってもらった。

説話式の教師は，教材中心に授業をするので，子どもの実態に合わない教材を平気で説明する。

3　課題を明確にする

教育カウンセラーはクライアントの願いを明確にする。そのために，クライアントが困ると訴える表面のことより，その背後にあるほんとうの問題をつかまえなければならない。授業においても同様に，子どもが集中しなければ，その原因がどこにあるか的確にとらえる必要がある。クラスの表面を観察するだけでなく，個々の子どもの願いを聞くことが必要である。そのためには，個々の子どもが自分の考えや希望や感想を心を開いて語る場，つまり，常に教師と子どもが対話できる場と雰囲気をつくっておく。教師が子どもにいちばん接している場は教室であり，授業の場である。だから，授業の場で，積極的に対話する場をつくっておく。授業は教材について語る場であるが，それに限定する必要はなく，話題は発展して生活一般や人生について広がっても一向にさしつかえない。そのなかに，ほんとうの課題が潜んでいる場合が少なくないからである。

4 表（オモテ）の目的と隠れた目的

人間の行動には単純な目的だけの行動は少ない。その多くに隠れた・より土台となる目的がある。授業においても同様である。仮に国語の「ごんぎつね」の初発の感想を書く時間だとしても，読めない漢字に印をつけたり，わからない言葉，文章にマークをつけたりしながら，友達に迷惑がかからないように静かに黙読したり，ノートにきれいに書く練習をしたり，学校の規則（ベルが鳴るまで勉強を続ける等）を身につけている。広い見地からすると，小学生として，学校集団の基本的学習態度を身につける訓練をしているのである。

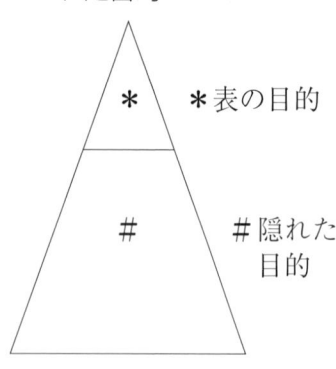

図：表（オモテ）の目的と隠れた目的

子どものなかには，「どうして算数の勉強をするの？」などと学校の勉強に疑問をもっている子もいる。こういう子どもには，算数を学ぶ理由を納得させなければ，本気になって算数の勉強に取り組まない。

今朝お父さんとお母さんがけんかしていた。家に帰ったらお母さんがいないのではないかと心配している子がいるかもしれない。日本の教師は教科だけ教えていればよいのではない。厚生労働省管轄の民生委員の役まで背負っているのが現実である。教育カウンセラーはその先頭にいるのである。その仕事は隠れた目的に含まれている。

第5節　対話力の欠如の危険

2012年12月に，大阪市立桜宮高等学校のバスケットボール部主将である

高校2年生の男子が自殺した。前日の試合に負けて,顧問の男性教諭から暴行を受けた直後であった。遺書が残されており,それにより親がその事実を知った。顔がはれるほどのひどさであった。(『朝日新聞』2013年1月14日朝刊,p.38)

　大阪市教育委員会の調査によると,この教師は以前から生徒に暴力を振るっていた。その仕方は,顔面や頭を平手でたたき,襟元を持って引き倒し,そのまま引き上げて,さらに顔面をたたく。口のなかを切るけがを負わせるほどひどかった。学校では,親からの苦情を受けて,それらの事実を知っており,校長をはじめ,だれもが体罰として認めていた。しかし,処分をしたとしても,厳重注意で済ませていた。

　この原因を考えてみると,生徒の失敗に対して,顧問の教師が怒ることはありうる。しかし,普通は怒りをコントロールして,話して解決する方法をとる。ところが,この教師は,自分の怒りの感情をそのまま暴力で発散させた。つまり,対話力に欠けているのである。

　対話力に欠けていたのは,この教師だけではない。高校2年生のこの生徒にも欠けていた。この生徒を死に追い込んだ苦しさ,主将としての責任感,みんなの前で殴られた恥ずかしさは,大変厳しかったとわかる。しかし,その苦しみを自分だけで抱え込まないで,親や友達に語る対話力が欠けていたのが,返すがえすも残念である。

1　体罰への対策

①教師への対策:学校における暴力は,教育的行為だと甘やかさない。子どもに対する人権の侵害である。暴力教師は教職に適さないので,1回目はイエローカード,2回目はレッドカードで,免職にする。そのうえで,社会における暴力と同じに刑罰を与える。暴力教師は,教育熱心だからよしとする風潮が,桜宮高校で教師・親・生徒のなかにあると報道

されているが，教育熱心と暴力とは別である。教育熱心は暴力でない方法で実現するのが正常である。暴力に対して甘いのは，日本人の基本的人権に対するセンスが弱い証拠である。

②生徒に対する対策：自殺するまでに何回も暴力を振るわれていたのだから，初めから我慢しないで，「嫌なことは嫌だ」と親や友達やほかの先生に言っていいんだよと教える必要がある。それは自己開示の能力をつけることである。それでも暴力がやまないならクラブを辞める権利があること，それでも暴力がやまないなら登校しない権利のあることを親と子どもに教える必要がある。

③教育委員会の対策：この登校しない権利は，小中の義務教育でも高校でも同じである。義務教育は子どもを学校に登校させる義務を親と政府に与えている。その前提として，学校は子どもの幸せを保障しなければならない。暴力を認めている学校は義務教育に適していない。それを正すのは，教育委員会の責任である。

第6節 対話のある授業の目的・意義・効果

1 対話の目的は

対話の目的は，授業の課題を話し合いにより解決することである。教師と子どもが問答したり，子ども同士で問答することが行われる。その結果，教材に関する理解が深まり，課題が解決される。これが，授業中の対話の第1の目的である。これは知的能力の向上といえる。そして，授業中に対話することにより，それ以外に多くの効果を得ることができる。

2　学級づくりができる

　対話をする先生は，子どもを信頼し，子どもの発言を受容し，支持するから，子どもは安心して発言できる。先生は子どもが間違ってもしからない。先生は子どもをえこひいきしないで，多くの子どもに発言させてくれる。子どもたちの間にも，先生の心と同じように，互いの発言を受容し，支持する心が育つ。したがって，子どもは先生を信頼し，子ども同士も安心し信頼する心が育つ。これを学級づくりという。

　学級づくりとは，クラスの人々が互いに肯定的に認め合い，助け合う友達関係ができることである。たとえ間違えてもバカにしない，ひやかさない。クラスは間違ってもよいところである。間違ったら，教えてあげて，直すところである。

3　子どもは感情のコントロールを行うようになる

　学級づくりのできているクラスにいると，友達がわからないことを「わからない」と言うから，わからないのは自分だけではないと知って安心する。また，自分がわからないことを「わからない」と発言することにより，先生や友達に自分を理解してもらえる。

　嫌なことがあり怒ることがあっても，暴力を振るわないで，言葉に出して嫌だと言える。相手に嫌なことをされたら，近くにいる友達がすぐなかに入って，仲裁してくれる。

4　クラスの人々が共感する

　授業中に冗談を言ったり，面白いことを言う子がいる。このときは，みんなで声を出して笑い合う。笑いは共感しやすい。共感は仲間という感情

を生み出す。先生も一緒に笑う。先生が笑うと子どもも安心して笑う。バカにして笑うのではない。面白いことを肯定して笑うのである。

　授業中に，ある子の発言に感動することがある。先生も子どもたちもいままで話し合っていたことと，質の違う深い考えや感想に出会うことがある。クラス中にシュンとした沈黙が流れる。

　こうした発言が出てくるのは，対話が進んでいるときである。対話の内容が深まっているときである。先生がほめる以上に，直接子どもの心を揺さぶる。先生は何も言わずに，感動を子どもと共に共感し，楽しめばよい。

5　自分がクラスの人に認められる

　自分の存在が認められることはうれしいことである。人に認められると，自己肯定感が強くなる。否定されると，自己否定感が生まれる。自己を肯定すると他者を肯定するようになる。

6　予想しない発言が出る

　クラスの多くの人が発言すると，必ず教師の予想しなかった発言が飛び出してくる。授業の雰囲気を盛り上げる小天使か小妖精か小悪魔かの役割をする発言が出てくるものである。それまでの授業の流れに反する意見であるが，それをキッカケにして，理解が深まることも珍しくない。授業の研究家である重松鷹泰先生は，「予想していない意見の出るのはよい授業である」と言われているほどである。

7　追究する子どもが育つ

　対話のある授業と教師中心の授業を比較すると，教師の出方，出場がまっ

たく異なることがわかる。教師中心の授業の場合は，教師は質問すると，自分ですぐ説明する。教師の自問自答が多い。これに対し，対話のある授業では，教師は質問すると子どもの反応を待って，黙っている。教師は沈黙の圧力に耐える力をもっている。もし反応がなければ，その理由を考える。問題がむずかしすぎるのか？　子どもの興味に合っていないのか？　質問の仕方が悪いのか？　問題をもっとやさしい問題に言いかえてみるか？　もっと具体的に聞いてみるか？

　子どもは，先生が自分たちの行動を待っていることを知っている。問題解決をするのは，自分たちであると思っている。だから，沈黙を破る責任は自分たちにあるので，何らかの行動を起こさねばならないと思う。

　もし問題の意味がわからなければ，先生に質問しよう。教科書を見ればわかるかもしれないから，教科書を見てよいか質問してみよう。辞書を見ればわかるかもしれない。辞書を使ってみようか？　等々。

　沈黙は子どもが問題を追究する行為を強化する。

　ある子が沈黙を破って，発言する。それにつれて，次々にほかの子も発言するようになる。子どもは追究する力を発揮するのである。

8　社会的構成主義と客観的知識観

　教師中心の一斉授業をして，教師の説明で子どもに理解させることができると考える知識観を客観的知識観という。つまり，知識は子どもと教師の外に客観的にあると考える。したがって，外にある知識を子どもに教え込むのが教師の役目である。

　これに対して，知識は子どもの外にあるのではなく，子どもの頭のなかにあるとの考えがある。これを社会的構成主義という。構成主義という意味は，知識は子どもが納得したときに，子どものなかに知識として構成される。機械的に記憶された知識は，バラバラな知識である。ほんとうに活

動する知識ではない。われわれは勉強しているときに，「あーこういうことか」と納得することがある。納得するのは，自分で追究しているときである。これまでの自分の疑問に，「ぴたっと合ったときの感覚」である。または，これまでの自分の考えの構造を変えて，異なった理解に達したときである。知識の構造は頭のなかにあるから，外から見られないが，だれでも知識の構造をもっている。単純な人もいれば，複雑な人もいる。幼児は単純だが成長するにつれて高度になってくる。その形成過程で，何が大切かといえば，社会性と本人の意思である。社会的構成主義の社会的という意味は，個人が孤立して，個室に閉じ込められていれば，高度の知識は構成されない。多くの人と交わって，対話することにより，つまり人間社会からの刺激を受け身でなく自発的に受け取ることにより高度の知識が構成される，ということである。

　したがって，学校教育においても，外部にある知識を注入するのでなく，子どもがすすんで積極的に追究する学習過程で，知識を自分で構成する方法をとるべきである。それには，対話のある授業が適している。なぜなら，対話法は子どもが追究し積極的にかかわる教育方法だからである。

9　授業が自分たちのものになる

　教師中心の一斉授業なら，子どもは先生が用意したコースを受動的に学習するだけである。先生はできる子にだけあてる。だから，できない子はあたらないようにしている。

　対話により授業が展開されれば，子どもは自分たちの発言，意見で授業が進んでいくことを実感することができる。授業が面白い，まだ自分は発言していないから，次の時間には発言したいと思う子が多くなる。

10　教師は子どもをより深く理解できる

　子どもが黙っていたら，教師は子どもを理解できない。教師が子どもを理解しようとして指名しても，わかりませんと言う子がいる。これは，子どもによる拒否である。対話のある授業では，多くの子が対話に参加する。クラスに発言の習慣ができるから，わかりませんと逃げる子が少ない。子どもは先生の発言に対しては発言しにくくても，友達の発言に対しては意見を言いやすい。対話の最中に，ふだん手をあげない子が手をあげることがしばしばある。その子を理解するチャンスである。ふだん挙手する子でも，教師が意外と思われる発言をすることもある。こうして，別の面を見せてくれる。また，A君が発言すると，続けてB君が挙手する場合が多い。これにより，A君とB君の間にコミュニケーションがあることがわかる。それにより，教師は子どもたちの人間関係を知ることもできる。

第2章

教育カウンセリングと授業づくり

北海商科大学教授
大友　秀人

第2章 教育カウンセリングと授業づくり

第1節 キーワード

　「治すカウンセリング」から「育てるカウンセリング」へ。この言葉が，いちばん教育カウンセリングのエッセンスを象徴している。それほど，一般の人はカウンセリングと聞くと治療的なイメージをもっている場合が多い。さらに，臨床心理士の登場により，そのイメージを拡大した感がある。もともと，臨床心理士は臨床心理学を，カウンセラーはカウンセリング心理学をその理論のよりどころにしている。よって，臨床心理士は治すという治療的な領域を主の専門分野とし，カウンセラーは開発的・予防的領域を主の専門分野としている。この混乱を防ぐ意味において，カウンセリングをあえて「育てるカウンセリング（教育カウンセリング）」として提唱しているのである。

　同じように，教育カウンセリングをわかりやすく説明する際の対象概念として，以下のものがある。

　①個別志向　　対　グループ志向
　②面接志向　　対　プログラム志向
　③受身的　　　対　能動的
　④病理的問題　対　発達課題
　⑤中立性　　　対　自己開示

　育てるとは，発達課題を乗り越えるのを言語および非言語コミュニケーションを通して援助することである。言語および非言語コミュニケーションという武器（手段）を使って，発達課題を乗り越えるのを援助することが目的なのである。「発達課題」とは，人間がそれぞれの年代でだれもが遭遇する問題である。

第2節 専門性

　教育カウンセリングは，子どもたちの発達課題を解決し，成長を援助することである。教育カウンセリングが扱う子どもの発達課題は五つである（國分，2009）。

①学業（Academic Development）
　情緒的な課題より，知的な課題を扱う。例えば，成績不振の場合には，個別の課題に取り組ませたり，スタディスキルを指導する。

②進路（Career Development）
　キャリア教育のことであるが，一般的には「進路指導」と呼ばれている。

③人格形成（Personal Development）
　親と子，教師と児童生徒などの役割を通して1人の人間としての発達。例えば自立や自律。

④社会性（Social Development）
　人間関係能力や集団規範の学習能力など社会性の育成である。

⑤健康（Health Development）
　心理的問題の予防と心的健康の向上のことである。

　教育カウンセラーとは，本来の意味はカウンセリングの心得をもった教育の専門家（certified professional educator）である。まず，第1に子どもたちの「学業」などを支援するプロであることを認識していただきたい。

　また，授業づくりにおいても，第1節の①グループ，②プログラム，③能動的，④発達課題，⑤自己開示のキーワードは重要な視点である。

　授業づくりは，教師が，学級で，自己開示をためらわず，より効果的なプログラムのもとに能動的に，子どもたちの発達課題（学業など）をサポ

ートしていくものである。まさに,授業づくりは,教師の専門性(プロフェッショナル・アイデンティティ)そのものなのである。

第3節 対話のある授業

1 対話のある授業とは

　対話のある授業とは,授業にカウンセリングのエッセンスを生かすことである。なぜならば,カウンセリングの本質は対話だからである。一方通行ではなく,お互いに語り合い(双方向)ながら問題を発見し,解決策を見いだしていくのがカウンセリングである。カウンセリングでは,カウンセラーがクライアント(相談者)の話を聞きながら問題を整理していく過程で,いろいろな物事の本質が見えてカウンセラーにとってためになることがある。同じように,授業場面でも子どもたちと対話をすることにより,ためになり,元気がもらえる。國分康孝博士が書かれた『カウンセリング教授法』(誠信書房)の図を一部修正すると以下のようなイメージである。

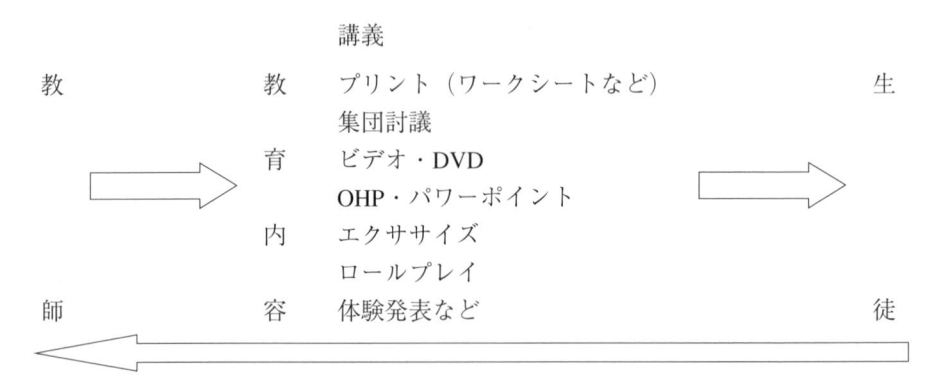

| 教師 | 教育内容 | 講義
プリント(ワークシートなど)
集団討議
ビデオ・DVD
OHP・パワーポイント
エクササイズ
ロールプレイ
体験発表など | 生徒 |

　　　　　　　　　　　　　(生徒のフィードバックを参考にする)

次に，対話のある授業とは，ティーチング（teaching skills）とカウンセリングスキル（counseling skills）を統合したコミュニケーションを生かすことである。ティーチングとは，カウンセリングをベースにしたコミュニケーションスキルを含んだ教育技術である。カウンセリングとは，単なるカウンセリング技法ではなく，リレーション，すなわち子どもと接するときの態度などを含んでいる。カウンセリングとティーチングの両方を生かすには，熟練した技術が必要である。授業場面は，1対1ではなく，1対集団なので，「育てるカウンセリング」の構成的グループエンカウンター（以下，SGEと表記）が参考になる。わかりやすくいうと，対話のある授業の基本原則は，聞いている子どもの身になりながら教師が授業場面で語るという意味である。対話が成り立つと，子どもから「先生？」と聞いてくるので，「これはこんな意味だよ」とやりとりをすることである。

　最後に，シェアリングを授業に生かすことである。授業の最後や合間にシェアリング（sharing）をすれば，シェアリングを生かした授業になるか。そうではない。まず，大前提として，学級（クラス）がシェアリングができる学習（生活）集団になっていることである。その集団づくりのためには，学級づくりの2大原則（ルールとふれあい）を踏まえることである。

　シェアリングは，単なる話し合いやグループ学習ではない。ただし，あるテーマで話し合ったり，問題解決を目的とはしないが，シェアリングができるグループは安心できる（ふれあいのある）人間関係ができているので，より効果的にテーマを話し合ったり，問題解決をグループで行うこともできる。ちなみに，SGEのシェアリングには2種類ある。エクササイズに取り組んだ直後に2人や4人で行うショートシェアリングと，メンバー全員による全体シェアリング（Community Group Sharing：CGS）である。シェアリングとは，参加者がエクササイズで体験したことをシェアする，すなわち，分かち合うことである。分かち合うことにより，参加者の「感情」「思考」「行動」が修正・拡大されるのである。SGEのシェアリン

グがイメージしやすい例として、子どもたちと対話して「どういう授業ならいいですか」と聞いてみるのもいい方法であろう。その場で出なければ、紙に書いてもらってもよい。自分がどう考えたか、感じたかを分かち合い（シェア）、子ども同士や教師と子どもの対話が促進されるのである。

2　対話のある授業の中身

　授業で対話を促進させるためには学習意欲が大事である。「わかって」「面白くて」「ためになる」の3拍子、すなわち、「わかったという達成感」「人間関係の深まり」「知的興味」から高まる。そこで、「対話のある授業」の内容を「わかりやすく、面白く、ためになる」授業に分けながら説明したい。

(1) わかる授業

　わかる授業の第1条件は、子ども自身が「何がわからないか」に気づくことである。自分で「何がわからないかがわかること」によって、やる気が生み出される。対話の観点では、「自己内対話」、すなわち、人と対話する前に自分自身と対話することの大切さであろう。教師が子どもの「わからなさ」を理解するための具体的な方法としては、観察（気になる子をチェック）、フィードバック（聞いてみたり、紙に書いてもらう）などが効果的である。フィードバックの聞き方は「わかりましたか」よりも「わからない人いませんか」のほうがより「わからなさ」を前提とした聞き方である。

　第2条件は、授業の全体の流れを明確にすることである。具体的には、何をするのか、どんな方法でするのか、時間はどれくらいかかるのかについて、簡潔明瞭にふれることである。私が高校教員のときは、黒板の左側に線を引いて大事なポイントなどを書き、今日の授業の流れを説明するよ

うにしていた。

　第3条件は，教材の精選である。まず，クラスごとにアセスメントをして実態をつかむこと（見立てをする）が大切であろう。この点に関しては，SGEで教材はエクササイズ（課題）に該当するので，客種に合わせたエクササイズを精選するのと同じことになる。

(2)　面白い授業

　「人は発見と驚き，逆転によりカタルシス（浄化・癒し）が生じる」というのは，アリストテレスの言葉である。面白い授業とは「オヤッ」と子どもに思わせる授業のことである。子どもが面白さ（興味）を感じ，教師からすれば子どもの心を揺さぶり，開かせることである。決して「面白さ＝滑稽」ではない。子どもの心を揺さぶり開かせる大事な原理として「開示悟入」がある。「示」すなわち，生徒に示す前に「開」がある。生徒が心を閉ざしていたのでは，いくら示しても効果が薄い。では，どうすれば生徒の心が開きやすくなるのか。それは，教師の「自己開示」が大事である。われわれが過去の学校時代に習った授業場面での思い出は，おそらく，ただ「示す」だけの場面よりも，心を「開いて」いたときのほうが多い。

(3)　ためになる授業

　ためになる授業とは，「なるほど」と子どもがうなずき，納得する授業である。知的好奇心をくすぐりたい。例えば，高等学校で生徒が理解できないからといって，レベルをどんどん下げていくと，逆に「プライド」を傷つけて，生徒がのってこないことがある。そのためにも，どのようにこの授業が自分にとって「ためになるか」という結びつきが大事になってくる。

第4節 SGEと授業づくり

　SGEは，教育カウンセリングの代表的な教育方法である。SGEの目的は，ふれあい体験と自他発見で，インストラクション，エクササイズ，シェアリングの3本柱であり，授業づくりの観点でSGEを取り入れることは重要である。

1　SGEを授業に生かすとは

　SGEを授業に生かすと，教科教育が充実し人間教育につながる。教科教育充実とは，①学習意欲が高まり，②学習が深まり，結果的に学力向上につながる。人間教育につながるとは，＜間違いを受け入れる集団で，ルールが確立されていること＞が大前提であるが，防衛の低い，試行錯誤できる集団になることで＜本音のふれあい体験＞ができ，小グループで「びっくりした，できた，うまくやれた」を言い合って感情交流できることである。

2　授業づくりに有用な10のSGEスキル

　学習指導を効果的にする条件として，心理学的な知見から整理すると，以下のことが考えられる。
○モチベーション（動機づけ：興味，知的好奇心，達成感）
○レディネス（ある学習をするための準備状態：インストラクション，デモンストレーション）

○自己概念（自己肯定感が学習意欲を促進する：リフレーミング，介入，補助自我）
○学級のまとまり（凝集性を高める：リチュアル，ルール，シェアリング）
○評価（自他に対してのコンフロンテーション：シェアリング，コンフロンテーション，アイメッセージ）

以上を要約すると，

①インストラクション
　授業の目的，ねらいを，板書するなどして簡潔に伝えること。

②エクササイズ
　思考・行動・感情に刺激を与える課題のことで，授業では教材となる。

③介入
　発言内容によっては，動揺したり，変化したりするメンバーの反応を素早く読み取り，発言内容を確認し補足する必要がある。聞き手側の笑顔やうなずきなどは，発言者を肯定する非言語サインとして「……しているね」とそのよい反応を言葉で表現し，素早く伝えるようにする。

④シェアリング
　エクササイズのあとに，「感じたこと，気づいたことを素直に話し合うこと」である。

⑤ルール（リチュアル）
　リチュアル（常道行動）は，安心して率直な感情交流ができる雰囲気を保障するために，隣同士や周りの生徒とSGEを始める際に行う儀式的なものである。

⑥自己概念（リフレーミング）
　リフレーミング（枠を置きかえる）は，例えば，少数意見や否定的意見では発言の背景をくみ，「○○が言いたかったね。よく言えたね」と肯定的に言いかえることである。

⑦自己開示（アイメッセージ）

自分の感情・思考・事実などを他者に語ることが自己開示である。例えば，「私は，今日，緊張しています」などメンバーの感情交流を促すために行う。
⑧補助自我（サポート）
　補助自我はサイコドラマの用語で，具体的には，生徒の声が小さな声で聞き取れないときに「楽しかった」とはっきり繰り返したり，あいまいな発言のときには「○○ということね」と発言の意図を確認し明確化することである。
⑨コンフロンテーション
　例えば，シェアリングで雑談をしていたり，自らの問題に向き合おうとしていないときに，向き合えるように促す（対決）ことである。
⑩デモンストレーション
　インストラクションと重なる部分もあるが，エクササイズを行う際に，言葉だけで伝えずに，実際にやってみせることである。
　以上の10のスキルがSGEと授業の観点であるので，今後このような視点での授業実践が積み上げられることを期待したい。

3　授業の四つの視点

　以下の四つの視点で，授業づくりを立体的に考えていきたい。
①教師：人間関係のツボ「ワンネス・ウィネス・アイネス」
②生徒：わかる授業，面白い授業，ためになる授業
　学習者である生徒の側に立った視点が重要である。
③教材：思考・行動・感情に刺激を与える課題
　教材提示に関しては，発問の仕方やクイズ方式が有効である。また，驚きと逆転の発想を取り入れた，ドラマチックアプローチがおすすめである。
④環境：物理的「座り方，人数」　精神的「リチュアル，契約」

グループで行ったり，インターネットやDVDを活用するなど，学びが促進されやすい教育環境を整えることである。

第5節 人間関係のツボ

　教育カウンセリングでは，リレーション（人間関係：ふれあい）を重要なキーワードにしている。問題行動を考えるときにも，「人はふれあいを求めており，それが得られないから問題行動（効果的でない愛のもらい方）が生じる」というサティーの言葉がよく引用される。また，私は，「人間関係のツボ」とか「人間関係のカギ」というテーマで講演するときに，以下に示す①ワンネス，②ウィネス，③アイネスで行っている。前節でも指摘したが，授業者（教師）として心がけたいエッセンスである。

①ワンネス（響き合い・一体感）One-ness
　・相手の内的世界を相手と共有すること
　・「教えよう」「治そう」とする前に「わかろう」とすること
　・感情体験（直接体験・間接体験）の幅をもつこと
　・特定のビリーフ（考え方：～ねばならない）に固執しないこと

②ウィネス（支える）We-ness
　・我々意識・身内意識
　・めでる（相手の存在に気を配る）
　・ほめる（リフレーミング）
　・相手の役に立つことをする
　・必要なときには具体的な行動をすること（アクション）

③アイネス（自分を打ち出す）I-ness
　・「私はこうなのだ」と自分を開いて相手を開きやすくする自己開示
　・「私はこう思う」と自分から相手に入っていく自己主張
　・相手の立場を認めつつ，自分の思考（考え）・感情・行動（事実）を
　　オープンにすること

第6節　養成講座の感想

　教育カウンセラー養成講座で「対話のある授業」を受講した方の代表的な感想を，今後「対話のある授業」を進めるうえで参考になると考えられるので，紹介したい。
○「対話のある授業」は「教師が行える最高のカウンセリング」というひとことに，なんだか勇気を与えられたような気持ちでいっぱいです。（小学校）
○スクールカウンセラーが導入されたあたりから，カウンセリングは「個」と「専門」のイメージが先行し，私たちが及び腰になっていることに気がつきました。（中学校）
○生徒からもらった意見や考えに何らかの反応をする，つまり，フィードバックする大切さを再確認しました。（高等学校）
○職員間で，いま，「心を育てるということ」が試されているときだということが，なかなか受け止められにくい現状がたくさんあります。講座のなかで，いろいろなスキルを教えていただき，考える体験もさせていただきましたので，これから自分なりに工夫していきたいと思います。（小学校）
○意外な身近なもの（紹介された教材）で，自分が振り返ったり，ほかの

人の考えにふれることができることに驚きました。特に、この講座は、大人が受けていたので、いろいろな考えがわかり、楽しかったです。(中学校)
○カウンセリングとは、1対1でやる特別なことという意識があった。しかし、普段の授業中での子どもとの接し方、気持ちの受け止め方、すべてがカウンセリングなんだと思いました。子どもの気持ちを生かすも殺すも教師の心しだいなんだと。明日から、新たな気持ちで子どもに接しようと思いました。(小学校)
○中学校の現状として、進路、受験での単位の縛りがあり、むずかしいかなと思いました。しかし、「楽しくて、わかりやすく、ためになる」教材を開発し、少しの時間をつくりだし、できそうなことをこれからやってみようと思います。(中学校)
○「考える」ことを面倒くさがる傾向が子どもたちのなかに少し見られます。今日、自分では考えたり、ほかの人の意見を聞いてなるほどと思ったりということ(この辺が自分に、いま欠けている部分なので、とっかかりにしたいと思います)を、自分は子どもたちにさせていたのだろうかと考えさせられました。(高等学校)
○授業中、なるべく子どもたちが話し合えるような場を設定しようとしているが、深く考えさせることがなかなかできず困ることが多い。友達の意見に簡単に賛成したり、ちょっと考えて答えを出そうとする子どもが多い。考えること自体が楽しいととらえる子どもが少ないような気がする。しかし、反対に考えれば、考えをぶつけ合うことが楽しいと思えるような課題が与えきれていないという教師側の問題も大きいかと思いました。(小学校)
○「ぶつかり合うこと」ということについて、むずかしさを感じています。しかし、今回の講座で、「ぶつかり合える」ようになるために、さまざまな教材を使って、関係(リレーション)を成長させていくんだという

ことがわかりました。(小学校)

補足:「ぶつかり合うこと」は,対話の本質的な部分である。対話とは,言葉という武器を使った格闘技ともいえる。自己対峙(自分の内面を見つめ向き合うこと)して,相手と対峙していくことがリレーションをさらに深めていく。

第3章

対話のある授業の理論と方法

富山県公立学校スクールカウンセラー
水上　和夫

第3章 対話のある授業の理論と方法

第1節 対話のある授業の目的

　学校生活の中心は授業である。教師は授業のねらいにそって子どもが新たな課題解決に向かって追究し，思考を深め，適切に判断し，表現できるように援助する。けれども教師がいかに工夫した授業を構想し，個に応じた支援をしたとしても，子ども一人一人に前向きに取り組む姿勢がないと授業は成立しない。また授業が深まるには，素直に聞き，話し合い，友達の良さを見つけ，認める態度が育っていることが大切になる。

　このような姿勢や態度は学級の風土や学級の雰囲気といわれ，学級担任の人柄や持ち味によってつくられるとされてきた。子どもの授業での態度や姿勢を育てる学級づくりは教師まかせにされていることが多く，スキルアップのための研修は行われてこなかった。

　これからは，どの教科の授業であっても，学び合うための人間関係づくりや学級づくりの視点をもつようにしたい。そのために取り組みたいのが，子どもと教師，子ども同士のかかわりを通して学び合う，対話のある授業である。対話のある授業に取り組むことにより，授業を深める学級のルールやリレーションを向上させ，学級が学びの場，心の居場所となるようにしたい。

1　子どもにとってよい授業

　教師は，授業で「聞くこと」「発言すること」「学習道具を整えること」など，学習ルールの定着に力を入れている。かかわり合い，学び合う授業は多くの学校で研修テーマとして掲げられてはいるが，実際の日々の授業

は教師主導の一斉指導が多く，教師の発問に子どもが答え，教師がまとめる一問一答形式で行われている。

　河村（2004）によれば，子どもたちにとってよい授業とは，「学ぶ内容が知的で面白い」「学ぶ活動自体が面白い」「学びから得られるものがうれしい」ということが実感できる授業である。そして授業成立のためには，「教科教育スキル」「授業の構成スキル・授業の展開スキル」「学級集団の状態」の三つの要素がバランスよく達成されていることが必要であることを指摘している。

　授業の構成スキルと展開スキルの詳細は以下のとおりである。

授業の構成スキル
　①リーダーシップの発揮レベル
　　Ⅰ：委任的　　Ⅱ：参加的　　Ⅲ：説得的　　Ⅳ：教示的
　②学習評価の目安
　③授業場面のデザイン（一斉授業と個別学習の比重）
　④授業進行のデザイン（教師主導と子ども主導の比重）
　⑤時間・インターバルの設定（導入，展開，まとめの設定，配分）

授業の展開スキル
　①教師の能動的スキル
　　発問・指示・説明・提示・活動の促進
　②子どもへの対応スキル
　　発言の取り上げ・賞賛・注意・集団の雰囲気づくり・自己開示

　授業スキルは，子どもの発達段階によって指導に使う比率が異なる。小学校低学年では教科教育スキルよりも授業の構成スキル・展開スキルが必要となる。これに対して高校では教科教育スキルの比率が高くなる。小学校から中学校，中学校から高校の間では，授業の進め方が異なるために，中1ギャップのように接続の段階でとまどう子どもが出てくる。

小，中，高のどの段階でも教師は教科の特性を押さえ，授業成立のための三つの要素に配慮して，学びを深化させる教材提示や展開の工夫に努めている。現場で行われている授業研究では，教科教育スキルとともに授業の構成スキルであるリーダーシップの発揮レベルや授業場面のデザイン，そして展開スキルの教師の能動的スキルである＜発問＞＜指示，説明＞＜提示＞＜活動の促進＞の方法を工夫し，スキルアップすることに取り組んでいる。

　けれども，子どもへの対応スキルである＜発言の取り上げ＞＜賞賛＞＜注意＞＜集団の雰囲気づくり＞＜自己開示＞など，かかわり合い，学び合うためのスキルや学級集団の状態のアセスメントは，学級経営の課題であるとして授業研究で取り上げられることは少なかった。そして，かかわり合い，学び合う関係づくりの指導は教師まかせにされてきたのである。

2　授業による学級づくり

　これまでの授業研究は，内容をどう教えるかが焦点になってきた。そして教科教育スキルを高めることが研修の中心になってきた。このため教師の発問や提示の仕方が検討されることはあっても，授業研究で集団の雰囲気づくりや授業での自己開示が語られることはなかった。

　子どもはグループの一員でありたいという基本的欲求をもっている。授業のなかで友達とかかわり合い，仲間から認められることで力を伸ばしていく。これは1対1や少人数の指導では得られないものである。対話のある授業は，かかわり合い，学び合うことで集団や子どもの関係を生かして学習活動を進めていく。対話のある授業に取り組むことで，学び合うためのルールやリレーションの指導スキルを向上させることができる。そして学級を学びに立ち向かう集団に育てることが，満足型の学級集団づくりにつながっていくと考えている。

第2節 カウンセリングと授業づくり

1 授業を促進するカウンセリング

　カウンセリングは，教師に信頼関係や好ましい人間関係を築くための考え方やノウハウを提供してきた。傾聴や明確化，質問，グルーピング，シェアリングなどのカウンセリング技法は，子どもとのかかわり方や接し方を改善するのに役立っている。

　これまで授業の基本的構えとしてカウンセリング・マインドを強調する動きがあった。尾崎，西（1996）は，カウンセリング・マインドを踏まえた授業のポイントとして，＜共感的かかわりの態度＞＜子どもの人間性を尊重した誠実な態度＞＜内面活動が活発になる発問・応答・助言＞＜どの子どもの発言も大切にする受容態度＞＜授業のねらいを達成するうえで必要な教材の選択・提示・指導の仕方＞を指摘している。

　松原（1998）は，カウンセリングを生かした授業づくりは，一人一人の子どもの心理をよく理解（他者理解）し，先生も自己理解を深め，反省しながら楽しい授業をすることであるとして，来談者中心カウンセリングや行動的カウンセリング，精神分析的カウンセリング，グループカウンセリングの活用を提案している。

　小野瀬（1998）は，カウンセリングを授業に生かす方法として以下の四つを指摘している。＜子どもの理解を促進するためにカウンセリングを生かす＞＜個人差に応じた指導にカウンセリングを生かす＞＜グループ指導にカウンセリングを生かす＞＜教師の授業改善にカウンセリングを生かす＞。

諸富（2004）は，子ども集団による主体的な問題探求のプロセスとしての授業を促進するのに有効なカウンセリングのスキルとして，＜リスニング（傾聴）のスキル＞＜明確化のスキル＞＜質問のスキル＞＜伝え返しのスキル＞＜グルーピングのスキル＞＜シェアリング（分かち合い）のスキル＞をあげている。

これらはカウンセリング技法を活用して，教師と子ども，子ども同士の人間関係を豊かにし，子どもの理解を深めることで授業を活性化しようとするものである。

大友（2002）は，教師が授業に生かすカウンセリングスキルを身につけるために以下のことを提案している。＜カウンセリングスキルに関する問題の事例提供者に対するスーパービジョン＞＜ピアグループメンバーの参加的観察によるスーパービジョン能力の育成を目的としたシェアリング＞。進め方は以下のとおりである。

①オリエンテーション　5分
②事例提供者を含めたピアグループでのシェアリング　30分
③事例提供者に対するスーパービジョン　40分
④シェアリング　15分　　　　　　　　　　（所要時間90分）

2　ガイダンスカリキュラムの展開

不登校やいじめを未然に防ぐ予防・開発的なカウンセリングとして，＜あたたかい人間関係づくり＞＜うまく意思を伝えるスキルの習得＞＜会話の基本的スキルの習得＞のためにグループ・アプローチを取り入れる実践が広がっている。

グループ・アプローチは個人と集団の成長発達が同時に行われる過程であり，集団や個人に対し，有効な教育・成長，個人間のコミュニケーションと対人関係の発展と改善を図る心理的・教育的な援助活動である。具体

的には，構成的グループエンカウンター（以下，SGEと表記），非構成的エンカウンターグループ，アサーション・トレーニング，ソーシャルスキルトレーニング（以下，SSTと表記），ロールプレイ，遊び体験などがある。

集団は個人が成長する意欲と技術を高め，個人の変容を促進する。グループ・アプローチは，次のような効果が期待できる。

①日々の集団体験により，新しい態度や対応を行う機会が得られる。
②指導者やメンバーの交流，そしてメンバー間の相互作用により，自分の行動や態度および感情を修正したり，新しい対応を学んだりすることができる。
③メンバーがよい方向に変化する姿を見ることで，新しい態度や方法を身につけることができる。
④共通の情報で行動する体験と仲間と協同する経験が個人の変容を促進する。

八並（2008）は，明確な教育目標と構造化されたカリキュラムによって構成された，すべての子どもを対象とした開発的・予防的なイントラクショナル（教授）プログラム，すなわちガイダンスカリキュラムの必要性を提言している。ガイダンスカリキュラムは，グループ・アプローチを活用し，子どもたちに，自己発見，自己理解，他者理解，職業理解などの発達課題を乗り越えさせ，学校や社会で生きるための力を獲得させるものである。

これまで教師が使うカウンセリングとしては，学校生活に不適応を起こしたり，授業や活動の参加に困難を示したりしている子どもに対する個別カウンセリングが多かった。けれども学習指導を行っている教師は，集団の力を活用して所属する一人一人を育てるグループ・アプローチを活用するようにしたい。

グループ・アプローチを活用する取り組みは，いじめや不登校の予防対

策としてだけでなく,「むかつく」「きれる」など, 新しい荒れの背後にある, 子どもの「人間関係がつくれない」「孤立している」などの対策としても有効である。教育委員会としてガイダンスカリキュラムの時間を特設して行うところも増えている。仲間との一体感を味わったり, 仲間がいるから楽しいという体験が, 子どもの人間関係の緊張や不安を和らげ, 学級や学校での生活を安心で充実感のあるものにしていくのである。

3　グループ・アプローチを取り入れた授業の課題

(1)　授業実践から学ぶ

　育てるカウンセリングを学んだ教師は, グループ・アプローチの効果を授業に生かしたいと考える。けれども,「どういうグループ・アプローチを」「どのように取り入れるか」がわかっただけでは実践に踏み切れない。グループ・アプローチを取り入れた授業の指導案をどう作るのか, 教師の力量や子どもの実態に合った授業を行うにはどうすればよいのか, 授業づくりの観点からグループ・アプローチの取り入れ方を明らかにする必要がある。

　学校でグループ・アプローチを取り入れた授業はどのように行われているのだろうか。ある県の中学校教育研究大会特別活動部会で提案された授業実践を例に課題を探ってみる。授業はアサーション・トレーニングを取り入れた学級活動であった。

　この授業は, アサーション・トレーニングを取り入れて生徒の人間関係の改善をめざすものであった。教師の研究熱心さとやる気は伝わってきたが, 特別活動の授業としては以下のような問題があった。

〔本授業の問題〕
①生徒のアンケート結果をまとめてグラフでわかりやすく提示しており, 教師の「学級の人間関係をよくしたい」という気持ちが伝わってきた。

しかし，生徒が本時の活動が自分にとって意義があると感じる動機づけや雰囲気づくりの工夫がたりない。
② 「アサーティブな表現方法を身につける」ことが本時のねらいになっていた。けれども特別活動のねらいとしては，「望ましいかかわり方を身につける」というようにしないと授業のねらいとして受け入れられない。
③ 教師のアサーション・トレーニングに対する理解がたりないため，アサーティブなセリフづくりの際に教師の助言がうまく行われていない。
④ 学級集団をどのように育てたいのか，生徒にどのような力をつけたいのかが明確になっていない。
⑤ 授業の終末の振り返りは，観点を示したワークシートに感想を書かせていた。けれども教師自身の自己開示や生徒の自己開示を促進するかかわりが少ないため，シェアリングが深まらない。

(2) 空回りする教師のやる気

この実践のように，授業にグループ・アプローチが取り入れられるようになった。参考図書にはSGEやSSTなどを取り入れた指導案や実践例が数多くのっている。ガイダンスカリキュラムとしてのプログラムも紹介されるようになった。そして人間関係を改善したり，かかわる力をつけたりするために教科や道徳，特別活動にグループ・アプローチを取り入れる教師が増えている。このような教師は人間関係づくりのカウンセリング研修会に参加し，人間関係の改善に前向きに取り組んでいる者が多い。

ところがそのような教師が行った授業であっても，満足のいく成果の上がっている実践はけっして多くない。子どもが充実感を味わい，周りの教師が参考にしたくなる授業は少ないのである。そして先ほどの特別活動のように，教師のやる気が空回りしている授業と受け止められているのである。このような状況を打開し，子どものために懸命に取り組んでいる教師が認められ，グループ・アプローチを取り入れた実践が広がっていくためのサポートが求められている。

(3) うまくいかない原因を探る

　グループ・アプローチを取り入れた授業が目的を達成することができない原因は六つに絞られる。①教師の問題，②児童・生徒の問題，③プログラムの問題，④学級づくりの問題，⑤授業づくりの問題，⑥学校づくりの問題である。

①教師の問題
・グループ・アプローチを取り入れたい気持ちが先行し，子どもや学級の実態を無視して行っている。
・取り入れるグループ・アプローチの習熟がたりないため，計画のアレンジや活動への介入が行われていない。
・グループ・アプローチを取り入れた授業をうまく指導できるという自信がないため，指示や注意が徹底しない。
・教師の自己開示が適切に行われないため，シェアリング（分かち合い）場面における深まりが少ない。

②児童・生徒の問題
・グループ・アプローチによって課題を解決したいという子どものモチベーションが高まっていない。
・自己開示に対する抵抗が強いため，子ども同士の気持ちの交流が少なく，しらけたムードのままエクササイズが行われている。
・配慮が必要な子どもや抵抗の強い子どもへの配慮がたりないため，そのような子どもたちの参加意欲や満足感が低い。

③プログラムの問題
・取り入れたグループ・アプローチのエクササイズが授業のねらいに合っていない。
・エクササイズを実施する設定や条件が子どもの実態に合っていない。
・「参加して楽しい」「自分にとって有意義である」と子どもが実感できるプログラムになっていない。

④学級づくりの問題
・学級目標が子どもたちに意識されておらず,みんなでこんな学級にしたいという意欲が高まっていない。
・学習ルールが確立されていないため,授業での教師と子ども,子ども同士のコミュニケーションがうまくできていない。
・集団のアセスメントが行われておらず,学級集団を育てる方向が明確になっていない。

⑤授業づくりの問題
・教科,道徳,特別活動,総合的な学習の時間としてのねらいや育てたい力が明確になっていない。
・グループ・アプローチを取り入れる目的が明確でなく,グループ・アプローチによって学習活動を活性化する方向がはっきりしない。
・グループ・アプローチを取り入れた場面の前後のつながりがうまくいっていない。

⑥学校づくりの問題
・教師集団の対話のある授業や心の教育に対する理解や実践意欲が高まっていない。
・グループ・アプローチを取り入れた指導がガイダンスカリキュラムとして年間指導計画に位置づけられていない。
・グループ・アプローチを取り入れた授業の評価が行われておらず,計画→実践→評価の評価サイクルによる指導の高まりがない。

　グループ・アプローチを取り入れた授業づくりは,教師が苦戦している原因を分析することから始めるようにしたい。プログラムさえ提供すれば「うまくいくはずだ」ということで,実践は教師まかせ,うまくいかないのは教師の責任というのではなく,どうすれば授業として成果をあげることができるのかを明らかにしていく必要がある。

第3章　対話のある授業の理論と方法

(4) スキルなき実践の広がり

　NHKで放送している「課外授業　ようこそ先輩」という番組がある。それぞれの分野で活躍している一流の先輩が母校を訪れ，得意分野を生かして授業をするのである。ユニークな活動が展開されるので人気も高いようである。

　NHKのディレクターに聞いたわけではないが，この番組には次のような考え方が背景にあるように思う。
①一流の先輩がやることは，子どもが感動する。
②一流の先輩がやることは，子どものためになる。
③一流の先輩がやることは，子どもにとってよい授業になる。

　①の子どもが感動する，②の子どものためになるという考え方に異論を唱えるつもりはない。ただ，③の子どもにとってよい授業になるということには首をかしげたくなる。

　まず思うことは，この「課外授業」は果たして授業なのかということである。もちろん「課外」という言葉を頭につけているのであるが，学級単位で子ども全員を相手に行っているので授業のように見える。けれども「課外授業」は，学習指導要領に縛られることもなく，時間や場所の制限もなく（先輩や取材の都合はありそう），学級や子どもの実態を無視して先輩のやりたいことに子どもたちを取り組ませ，終わった後の評価はないのである。そしてどの先輩の「課外授業」も，とてもうまくいっているように見える。

　それでは，なぜこの番組の授業はうまくいっているのだろうか。そこには，次のような配慮が働いていると思う。
・担任の指導により，良好な人間関係ができている学級集団で行っている（満足型学級集団での実施）。
・トラブルが起こっても担任がうまく調整している（テレビの放送ではそれを映さない）。

・面白い反応をした子どもに焦点化して取材している。

　このような配慮で番組が行われていることにふれられることはない。そして一流であれば指導技術がなくても教えることができる，乱暴で適当な進め方をしても子どもはついてくるという，授業に対する風潮を広めているような気がしてならない。

　実際に私が教頭をしていた小学校で，地区の老人クラブの会長から「われわれのなかには，それぞれの道を極めたメンバーがたくさんいる。宝の山である。子どもたちのために授業をさせてほしい」という申し出があった。地域の人材活用のためにはうれしい話ではあったが，指導スキルがなくても授業ができるという考えには違和感を覚えた。

　私は，「課外授業　ようこそ先輩」という番組を批判するつもりはない。けれども現場の教師としては，一流の先輩が取り組んでも，授業づくりや学級づくりのスキルがなければ子どもにとってよい授業にはならないことを知らせてほしい気がする。

第3章　対話のある授業の理論と方法

第3節　対話のある授業の理論

1　授業づくりからの逆襲

　「クラスのまとまりをよくしたい」「子どもたちの自己肯定感を高めたい」。このようなニーズにこたえるプログラム集がたくさん紹介されている。すぐに授業で使えるように工夫され，指導案形式になっているものもある。グループ・アプローチは，わかりやすく，使いやすいプログラムを開発することで教育現場に普及してきた。そこには，よいプログラムがあれば，よい授業ができるというプログラム中心主義の考えがあった。

　これまでカウンセリングの授業への導入は，カウンセリング側からの提案がほとんどであった。そこには，グループ・アプローチを取り入れさえすれば，心を大切にした授業ができるという思い込みがあった。けれども学校現場では，少々効果があっても教科や道徳，特別活動としてのねらいや位置づけが明確でない授業はいい評価をされない。

　また，プログラムの発問や指示，留意点などを参考に授業を行っても，本音の交流が少なかったり，しらけている子どもが多かったりして思うような成果を上げていない。私は（主任）指導主事として，道徳や特別活動にSGEやSST，アサーション・トレーニングを取り入れた授業を指導する機会があった。そのなかには教師の熱い思いは伝わってきても，本音を話す雰囲気ができておらず，せっかくのよい気づきが広がらない授業があった。子どもたちのやる気が高まっていないために，セリフをつくらなかったり，ふざけてロールプレイに取り組まなかったりする場面があった。やらされている感じが強く，生き生きと活動していない子どもの姿を残念

に思った。

　これらの実践は，教科や道徳，特別活動としてのねらいに配慮しないで行われていることが多かった。グループ・アプローチのための授業になっているため，教科や道徳，特別活動のねらいを達成していることは少なかった。このため多くの指導主事から「グループ・アプローチを取り入れた実践は，授業として認めることはむずかしい」という指摘を聞いた。そして従来の授業づくりからの逆襲ともいえる批判が実践を進める教師を苦しめるようになったのである。

2　グループ・アプローチ活用スキル

　富山県教育カウンセラー協会では，2003年の夏に初めての授業づくりワークショップを行った。グループ・アプローチを取り入れた授業の指導計画を立て，模擬授業を行うワークショップである。第1回目のワークショップは，参加した教師のアイデアやパワーを感じるものとなったが，いくつかの課題も明らかになった。

　その一つ目はグループ・アプローチを取り入れた授業の問題を共通理解してワークショップに取り組むようにすること，二つ目はグループ・アプローチを授業に取り入れるために必要なスキルを示すこと，三つ目はグループ・アプローチを授業に取り入れるためのスキルを習得できるようにワークショップの進め方を改善することであった。

　SGEやSSTなどのグループ・アプローチを授業に取り入れるときに，気をつけなくてはいけないことには，どんなことがあるだろうか。「モデリングをわかりやすく……」「振り返りを大切に……」のように，グループ・アプローチとしての留意事項は多く目にする。ところが，これだけではグループ・アプローチを取り入れた授業づくりはうまくいかない。

　グループ・アプローチを授業に取り入れるためには，以下の課題を解決

する必要がある。
○グループ・アプローチを取り入れて教科，道徳，特別活動，総合的な学習の時間のねらいを達成するためにどうすればよいか。
○子どもや学級の実態に合った取り入れ方をするにはどうすればよいか。
○グループ・アプローチの効果を高めるには，どのような条件や配慮が必要か。
○子どもが意欲的に取り組むようにするにはどうすればよいか。

　これらの課題を解決し，授業のねらいを達成するためにグループ・アプローチを授業に取り入れる技術が必要である。水上はグループ・アプローチを取り入れ，授業（活動）のねらいを達成するために必要な考え方や技術として，

　　Ⅰ：アセスメント
　　Ⅱ：プログラム作成
　　Ⅲ：活動進展
　　Ⅳ：自己開示

の四つのグループ・アプローチ活用スキル（以下，活用スキル）を提案した。

　活用スキルの習得をめざすことで，授業づくりワークショップの目的地が明確になった。そして毎年ワークショップを積み重ね，活動の進め方や実施計画作成シート，アドバイスカードなど実施方法の改良に努めてきた。

　2010年12月には，國分康孝，國分久子，片野智治の3名の先生方に1日の授業づくりワークショップを参観していただき，スーパービジョンを受けた。言葉の定義やワークショップの課題を指摘していただいたことにより，ワークショップの位置づけや「SGE方式授業」としての活用スキルの概念をクリヤーにすることができた。

(1) 定義
　グループ・アプローチ活用スキルは，グループ・アプローチを取り入れて授業（活動）のねらいを達成するために必要な考え方や技術である。
(2) 種類
①授業計画づくりのスキル
　Ⅰ　アセスメント（assessment）
　　(a)指導アセスメント　(b)集団アセスメント　(c)個別アセスメント
　Ⅱ　プログラム作成（program development）
　　(a)目標明確化　(b)活用目的明確化　(c)活用方法明確化
②学習活動づくりのスキル
　Ⅲ　活動進展（activity development）
　　(a)活動展開　(b)介入展開　(c)シェアリング展開
　Ⅳ　自己開示（self-disclosure）
　　(a)指導者の自己開示　(b)子どもの自己開示促進
(3) 内容
Ⅰ：アセスメント（assessment）
　教師の力量と子どもの姿をもとに授業をつくる。
(a)指導アセスメント
　活用するグループ・アプローチについての教師の力量と子どものレディネスの把握。
　〇活用するグループ・アプローチに対する教師自身の指導力の把握
　　・研修（実習）経験　・指導経験　・スーパービジョン経験
　　・指導の自信
　〇子どものグループ・アプローチを取り入れた学習活動の経験や参加状況の把握
　　・既習学習の状況（何を，いつ，どのように）
　　・参加の様子（どうだったか）

(b)集団アセスメント

　子どもたちのリレーションやモチベーションの状態など，学級集団の状況把握。
　　〇子どもたちの人間関係の把握
　　　・日常の観察
　　　・ペア，4人組，生活班などによる活動状況
　　　・Q-U（楽しい学校生活を送るためのアンケート）など質問紙による分析
　　〇学習ルールの定着状況の把握
　　　・「聞くこと」「発言のルール」「学習用具を整えること」などが身についているか

(c)個別アセスメント

　グループ・アプローチへの抵抗の強い子どもや配慮が必要な子どもの把握。
　　〇人間関係に課題のある子どもの把握
　　　・人間関係の状況
　　　・配慮する内容（本人に，ほかの子どもに）
　　〇グループ・アプローチに対して困難を感じる子どもの把握
　　　・グループ・アプローチになじめない子どもの予測
　　　・グループ・アプローチを実施する際の個別の配慮事項の確認

Ⅱ：プログラム作成(program development)

　ねらいを明確にし，心に響く指導計画を立てる。

(a)目標明確化

　教科，道徳，特別活動および総合的な学習の時間としての目標や課題の明確化。
　　〇学習指導要領や学校教育目標（本年度重点）に基づく目標の設定

・学習指導要領，学校教育目標との関連
　　・年間指導計画への位置づけ
　○「何のために行うのか」という子どもの課題意識の高揚
　　・課題解決方法としての位置づけ
　　・グループ・アプローチに対する期待感の醸成
(b) 活用目的明確化
　子どもにつけたい力や授業を活性化するねらいの明確化。
　○グループ・アプローチを取り入れることで子どもの身につく力の明確化
　　・子どもにつけたい力を明らかにする
　　・かかわり方やかかわる姿を明らかにする
　○グループ・アプローチによる授業活性化の方向の明確化
　　・取り入れることでどのような授業改善をめざすかを明らかにする
(c) 活用方法明確化
　エクササイズの設定や条件，導入場面（導入，展開，終末など）の明確化。
　○活用する授業場面（導入，展開，終末など）や授業の組立ての明確化
　　・単元のどの時期に取り入れるのか
　　・授業のどの部分で実施するのか
　○活動の場所や時間，グループの人数など，設定や条件の明確化
　　・活動に必要な時間
　　・活用するグループサイズ
　　・エクササイズの設定，条件

Ⅲ：活動進展（activity development）
　ふれあいをもとに子どもにこたえる活動をつくる。
(a) 活動展開

エクササイズに取り組む動機づけやグループによる活動を行い，活動意欲を高める。

笑顔力（えがおぢから）や目力（めぢから）により，子どもを引きつけ，集中させる。

○意欲を高める指示や発問
- どの子どもにも理解しやすい活動のねらい，内容，やり方，ルール，留意点のインストラクション
- 活動の具体的なイメージをもたせるデモンストレーション
- わかりやすく的確な発問や指示，合図

○ペアやグループの活動でかかわりをつくる工夫
- ペアやグループの活動は，ねらい，方法をわかりやすく伝える
- 隣の席のペア活動から始め，グループの活動に進む

○笑顔で話したり，笑顔を送ったりすることで子どもの心に響く指導を行う笑顔力
- 教師が笑顔で話すことで子どもに安心を感じさせる
- 子どもの変化や努力を見つけ，笑顔でうれしそうに伝える

○子どもの目を見る，子どもと目を合わせることから関係づくりを始める目力
- 教師が子どもの目を見て話すことで，子どもの聞く意欲を高める
- 活動の最初や途中，最後に子ども全員の目線を教師に集める場面をつくる
- 教師が目線を送る，目線を合わせることで，子どもと目線でのコミュニケーションができるようにする

(b)介入展開

活動がねらいどおり進行しない状況に対応する。

抵抗を示したり，ダメージを受けたりしている子どもに対応する。

○ねらいからはずれている場合の対応

・ねらいの再確認　・ルールの再確認　・指導者の願いの表明
○活動に入り込めない子どもへの対応
　・気持ちを受け止める　・見守って待つ　・観察させる
　・進行を手伝わせる
○子どもがのってこない場合の対応
　・抵抗を示している子どもやグループへの対応
　・リフレーミングによる考え方への介入
○ルールを守らない子どもに対する対決（コンフロンテーション）
　・現在の問題に絞って短く注意する
　・これからの行動の仕方を指導する
　・聞く耳をもたない子どもは1対1で指導する
○心的ダメージを受けた子どもへの対応
　・気持ちを聞く　・活動から抜けさせる　・エクササイズの中止
　・事後のフォローを行う（個人，学級全体）

(c) シェアリング展開
　シェアリング（分かち合い）における気づきや思いの深まりや広がりをつくる。
　シェアリング（分かち合い）によって授業のねらいに迫る。
　○子ども同士のシェアリング（分かち合い）の実施
　　・ペアシェアリング　・グループシェアリング
　　・全体シェアリング
　○シェアリング（分かち合い）によるねらいの達成
　　・ねらいに焦点化する　・アイメッセージで語る
　　・挙手による分かち合い
　○指導者の気づきの活用
　　・うれしかったことを語る　・新しい発見を語る
　　・次時への期待を語る

Ⅳ：自己開示（self-disclosure）
　いま，ここで感じたことを大切にする。
(a)指導者の自己開示
　授業のねらいにそって教師が適切な自己開示を行う。
　○授業の各場面における教師の思考，感情，行動の自己開示
　　・アイメッセージによる自己開示
　　・対話を大切にした自己開示
　○教師の自己開示による子どもとのリレーションの深化
　　・話しやすい学級の雰囲気づくり
　　・教師と子どものあたたかい人間関係
(b)子どもの自己開示促進
　子どもや学級全体の自己開示を促進し，本音と本音の交流を図る。
　○教師や友達モデルによる子どもの自己開示の促進
　　・モデルを意図した教師の自己開示
　　・自己開示による感情の共有体験
　○安心して自己開示できる環境や雰囲気の醸成
　　・自己開示的な発言の授業での活用
　　・自己開示した子どもへのフォロー

3　グループ・アプローチ活用スキルの生かし方

(1)　授業計画づくりのスキルを生かす

　授業計画づくりのスキルには，アセスメント（assessment）とプログラム作成（program development）の二つがある。アセスメントは，指導，集団，個別の三つのアセスメントを行う。プログラム作成は，目標，活用目的，活用方法の三つを明確にする。
　教師は授業の指導案作成で，何のために（目的）何を（教材）どのよう

にして（方法）どうするのか（評価）を検討する。グループ・アプローチを授業に取り入れるには，これに加えてアセスメントとプログラムをチェックすることが必要になる。

例えばSGEのエクササイズ「ふわふわ言葉とチクチク言葉」を取り入れた道徳の指導計画作成は，次のように行う。

①アセスメントを行う

教師のSGEの指導力や指導の自信，子どものSGE経験や参加状況を把握する。次に学級のリレーションやモチベーションの状態，聞くことや発言の仕方などの学習ルールの定着状況，集団の状況を分析する。また，SGEに抵抗を示す子どもや個別対応が必要な子どもを予測し配慮事項を考える。

②指導計画を作成する

学習指導要領の道徳の価値項目に合わせて，本時の目標を「言葉遣いに気をつけて明るく接する態度を養う」とする。またSGEのエクササイズを取り入れることにより，「言葉が引き起こす感情に気づく」ようにしたいと考えた。エクササイズは授業の展開場面で実施することにし，学級や子どものアセスメントを考慮して，グループの人数やエクササイズの条件を決めた。

つながりのよい学習を行うには，1時間の授業のどの部分でグループ・アプローチを実施するのかを明らかにしておく必要がある。グループ・アプローチを導入で行うのか，展開で行うのかなど，取り入れる場所を決めて指導計画を立てることでつながりのよい授業になる。

授業のどこにグループ・アプローチを取り入れるかは，七つの導入パターンがある。

○全面型（授業1時間でグループ・アプローチを実施）《中・上級指導者》
　メリット
　　授業の導入，エクササイズ，振り返りをグループ・アプローチの長所

を生かし，ゆとりをもって行うことができる。
留意点
　ねらいを明確にすることで，「何の授業なの，学習指導要領の位置づけは……」と批判されないようにする。1時間のエクササイズを展開するには高い指導力が必要である。
教科・領域
　学級活動，学校行事，総合など。

○導入型（導入部分〈5～10分間〉で実施）《初級以上指導者》
メリット
　導入でグループ・アプローチを行うことで本時の課題に対する意欲づけや雰囲気づくり，グループづくりなどを効果的に行うことができる。
留意点
　展開部分との接続を工夫しないと，導入が本時のねらいからそれてしまうことがある。
教科・領域
　すべての授業で可能。

○導入・展開型（導入・展開部分で実施）《中・上級指導者》
メリット
　導入で子どものグループ・アプローチへの参加意欲を高め，展開での活動をスムーズに行うことができる。
留意点
　終末で教科・領域としてのねらいや達成状況を確認する。
教科・領域
　道徳，学級活動，学校行事，総合など。

○展開型（展開部分で実施）《初級以上指導者》
メリット
　導入，終末で授業のねらいに方向づけをすることで，中心発問や課題

をグループ・アプローチによって深める。
留意点
　最も授業に導入しやすいパターンである。エクササイズの設定や条件をねらいに合わせて工夫する。
教科・領域
　道徳，学級活動，学校行事，総合など。

○**展開・終末型**（展開から終末部分で実施）《初級以上指導者》
メリット
　導入で本時のねらいへの方向づけをすることで，グループ・アプローチの位置づけを明確にして実施できる。
留意点
　導入を短時間にコンパクトに行わないと，グループ・アプローチを行う時間がたりなくなる。
教科・領域
　道徳，学級活動，学校行事，総合など。

○**終末型**（終末部分〈5～10分間〉で実施）《初級以上指導者》
メリット
　終末で本時の感想や次の活動への思いを引き出すことで，子どもの達成感や充実感を高めることができる。
留意点
　終末の活動のバリエーションを増やし，マンネリ化している振り返りを活性化することができる。
教科・領域
　すべての授業で可能。

○**導入・終末型**（導入と終末部分で実施）《中・上級指導者》
メリット
　導入の課題設定に多くの子どもを参加させたり，終末で互いの良さや

思いを認め合ったりできる。

留意点

　展開部分の学習活動を充実させるという目的意識をもって，つながりを大切にして短時間で行うようにする。

教科・領域

　すべての授業で可能。

(2) 学習活動づくりのスキルを生かす

　学習活動づくりのスキルには，活動進展（activity development）と自己開示（self-disclosure）の二つがある。活動進展には，活動，介入，シェアリングの三つの展開スキルがある。自己開示は，指導者の自己開示と子どもの自己開示促進の二つのスキルである。

①活動展開のスキルを高める

　活動展開は，活動意欲を高めたり，子どもを引きつけ，集中させたりするスキルである。

　まず取り組みたいことは，子どもの活動意欲を高めることである。そのために課題提示を工夫したい。

　○わかりやすくねらいを話し，ねらいに向かう話題を提示する。
　○活動に誘い込むために，子どもがはっとする，おやっと感じる提示を工夫する。
　○子どもがのってきても短時間で終わる。

　課題提示や教師が話をするときには，子どもの聞く姿勢ができているかを確認することが大切である。授業を見ていると，よそ見をしたり，手遊びをしたりしている子どもがいても平気で話をしている教師がいる。そのような教師は，子どもの目を見て話す，目線を集める，教師の目線を感じさせるなどの目力（めぢから）を意識するようにしたい。

　二つ目に，隣の席のペア活動から始め，グループでかかわりを深めるようにする。その場合も活動の様子を観察し，子どもに応じた声かけを行う

ようにしたい。
　○節目節目で取り組んだ意味と感情を振り返る場面を設ける。
　○一人一人が認められていると感じる場面を設定する。
　○一人一人の不安の強さに応じた言葉かけをする。
　○指導が必要な子どもは，指導のなかで積極的にほめる。
　○ほめられているところをほかの子どもたちに見せる。
　三つ目に笑顔力（えがおぢから）を使えるようになりたい。1時間の授業で1回以上，子どもの変化や努力を見つけ，笑顔でうれしそうに伝える。注意したり，しかった後は，そのことを引きずらないで話題を変え，笑顔で話す。子どもの笑顔を見つけて伝えることで，笑顔の良さを広めるようにしたい。

②介入展開のスキルを高める
　教師は子どもとあたたかい人間関係をつくることで，子どもに教師の介入を受け入れる気持ちをもたせることが大切である。以下の点に配慮することで子どもが納得する介入を行うようにする。
　○一人一人を尊重する
　　グループ・アプローチであっても，教師は一人一人の子どもを人間として尊重する態度をもち，集団のなかで個の成長を援助する。
　○介入した理由の説明
　　「なぜ介入したのか」「どう行動してほしいのか」を子どもが納得して受け入れるようにわかりやすく説明する。ときには対決技法を使って介入することも必要になる。
　○依存対象のモデル
　　教師は子どものモデルになるようにする。そして依存対象として自分を任せられる，守ってくれるという気持ちをもたせる。このような教師のもとでは子どもは安心して自己開示できる。

③シェアリング展開のスキルを高める

シェアリングの方向性として，外向きと内向きの二つがある。
○外向き：「自分がどう受け止めて，何を感じているか」をメンバーに向けて自己開示する。
○内向き：「一つの体験を通して自分のなかでわき上がった気持ちや変化」を表現することで明確化する，つまり自己洞察を深める。
自己開示と自己洞察を行き来するのがシェアリングの作業である。

シェアリングは，2人，4人，全体など，さまざまな人数で行う。少人数でのシェアリングのあと，そこでの話をもとに全体で交流するパターンが多く用いられる。

授業でシェアリングを行うときは以下のことに配慮する。
○観察
　教師は，シェアリングの様子を観察する。じゃまにならないように巡回し，子どもの話に耳を傾ける。いい気づきが話し合われている場合は全体に発表するようにしてほかのモデルにする。
○望ましい態度
　・シェアリングの仕方を説明する際に，実際に教師がモデルを示す。
　・特定の子どもの発言に肩入れしすぎて，ほかの子のしっとをかわないように注意する。
　・発言が途中で途切れてしまった子どもには，「繰り返し」や「明確化」を行ってサポートする。
○発言の取り上げ方
　全体で意見を交流する場では，個々の発言をあたたかい雰囲気で共有できるようにする。教師は発言者の表情がよく見える位置に立ち，動揺したり，変化したりする子どもの反応を素早く読み取る。聞き手の笑顔やうなずきなど，発言者を肯定する非言語サインを「……しているね」と言葉でフィードバックする。

　また，少数意見や否定的意見の背景をくみ，「○○ということが言い

たかったんだね」「よく言えたね」と肯定的にリフレーミングする。このようにして安心して率直な感情交流ができる雰囲気を保障する。

④自己開示のスキルを高める

　自己開示とは，自分のことを何から何まで正直に話すことではない。「自分に正直か」「自分を守れるか」「場にふさわしいか」「人を傷つけないか」など，場を読んで行うことが大切である。

　共有することでメリットがある場合は，子どもの了解をとって分かち合う。「私の好きな食べ物」のように，短い言葉で答えられるテーマは開示の抵抗は低いので，うまく活用してリレーションを深めるようにしたい。

　○教師の自己開示の具体例

　　教師が自己開示をしてみせるときは，自分のなかの「ためらい」や「恥ずかしさ」もごまかさずに開示することが大切である。

　　・感情の自己開示

　　　「先生は今日一日とてもうれしい気持ちでした。それは昨日の算数の宿題を全員がきちんとやってきたからです」

　　・価値観や考え方の自己開示

　　　「先生は相手をばかにした言い方を直してほしいと思っています。それは先生自身が小学校6年のときに友達をばかにしたことを言ってしまい，仲のよかった友達とうまくいかなくなったことがあるからです」

　　・生い立ちや行動の自己開示

　　　「先生は小学校5年のとき，急性腎臓病で1学期のほとんどを休んだことがあります。2学期になって登校するとき，とても不安で学校へ行くのが怖かったことを覚えています」

　○自己開示の実践例（小学校4年国語「手紙の書き方」）

　　50代教師の国語の授業では，わが子からもらった手紙（10歳と20歳のときの実物）を紹介していた。10歳のときに子どもからもらった手紙を

「先生の宝物」だと言って子どもたちに見せた。その後，昨日届いた20歳になった子どもの手紙を読んで聞かせていた。そして手紙をもらった母親（自分）や家族の「うれしい」「心が通い合う」という気持ちを語っていた。

　このような教師の本音の自己開示が，子どもの「手紙を書こう」という学習意欲を高めていた。授業のねらいにそって気持ちや感情を語ったことが子どもの心に響き，追究を深めていた。教師が気持ちを語ることで担任教師に対する子どもの信頼が高まっていた。

○自己開示の留意点

　・無理のない自己開示をさせる

　　学級に安心感がないなかで無理に自己開示をさせると，開示した子どもの心だけでなく，すでにあった関係をも傷つけることがある。このため，次のような言葉かけが必要である。

　　「言いたくないことや話すことを迷っていることは言わなくていいよ」

　　「だれかの期待にこたえようとして無理に話さなくていいよ」

　　「たくさん話さなくていいよ」

　・自己開示の返報性に配慮する

　　だれかが自分をありのままに話すと，話してもらった側もお返しのように自分のことを話すようになる。これをうまく活用して，子どもの自己開示を促進させたい。ただし，ある子どもの自己開示がほかの子どもの自己開示の心理的圧力になることにも注意したい。

　・自己開示しすぎる子どもに配慮する

　　自己開示しすぎることで自分自身を傷つけてしまったり，これまでの友達や関係をダメにしてしまったりすることがあることに注意する。

(3) 対話のある授業づくりに生かす

　グループ・アプローチの進め方を習得するだけでは，よい授業はできない。グループ・アプローチの名人すなわち授業の名人とはいえないのである。グループ・アプローチを授業に取り入れるためには，グループ・アプローチ活用スキルの習得が必要なのである。

　グループ・アプローチを取り入れた授業　≠　よい授業

　グループ・アプローチを取り入れた授業＋グループ・アプローチ活用スキル　＝　よい授業

　ふれあいをもとに子どもにこたえる活動をつくる活動進展のスキルや，いまここで感じたことを大切にする自己開示のスキルは，かかわり合い学び合う，対話のある授業づくりに生かすことができる。学習活動づくりのスキルである動機づけ，ペアやグループでかかわりをつくる工夫，目力，笑顔力，介入，シェアリング，自己開示は，対話のある授業を進めるスキルでもあると考えている。

　これからはグループ・アプローチを取り入れていない授業であっても，活用スキルを用いることで，友達の立場に立った受け止め方をする共感的な態度や支持的な学級風土を育てるようにしたい。

第4節 対話のある授業づくりワークショップ

1 聞くだけでは身につかない

多くの校内授業研究会は次のような日程で行われる。
13：55〜14：40　　研究授業
15：10〜16：40　　研究協議会
　　　　　　　　　①学校長あいさつ，研究主題の説明（10分）
　　　　　　　　　②授業者の自評（5分）
　　　　　　　　　③授業についての協議（45分）
　　　　　　　　　④指導助言（30分）教育委員会指導主事

授業研究会は，このような流れで最後は指導助言者の話を聞いて終わるというのが定番である。協議会の話し合いが活発に行われ，わかりやすい指導助言により研修が深まることも多い。特に研究授業の授業者は，自身の授業の進め方について得るところがある。けれども，このような授業研究会では，一人一人の教師にどのような授業スキルが身につき，実際の指導に生かされるのかは定かでない。

老子の言葉に，「聞いたことは忘れる。見たことは，覚える。やったことは，わかる」というのがある。最近ではさらに「見つけたことは，できる」をつけ加えるそうである。また，記憶に残る割合は，聞いたことは10％，見たことは15％，聞いて見たときは20％，話し合ったときは40％，体験したときは80％，見つけたときは90％であるという指摘がある。聞くだけでは身につかないのである。

これまで授業研究会のイメージは，まじめで，堅くて，楽しくないとい

うものである。定番の授業研究会を否定するつもりはないが，教師の授業力向上のためには，参加者が体験して新たな方法を見つける研修を工夫したい。明るく柔軟で動きがあり，楽しいと感じる授業研修が求められている。

2　ワークショップによる学び

　吉田（2006）は，よく学ぶためには「協力できる」「振り返りとフィードバックがある」「互いにたたえ合ったり，教え合う機会がある」ことが大切であると指摘している。これまでの学びでは，「振り返り」と「共有」はほとんど存在しなかった。これからの望ましい研修は，体験したり，新しい情報を得る部分と，振り返ったり，共有したりする部分を半分半分ぐらいのウェイトにすることが大切であると述べている。
　そして以下のような研修の雰囲気づくりを求めている。
　○言いたいことが気兼ねなく言える。
　○言いたいこと，課題，気持ちを聞いてくれる，受け止めてくれる。
　○一方的ではなく，動ける。（動くのは，体だけでなく，頭も心も）
　○楽しい。
　○ほかの参加者と知り合える。（友達になれる）
　○自分の枠を超えられる何かがある，と思える。
　○緊張ではなく，リラックスでき，単調ではなく，刺激や興奮がある。
　○権威や管理や統制ではなく，自由で開放的で協力的である。
　このような研修会にするために，参加者が体験し，新たな方法を見つけるワークショップの学びを授業づくりに取り入れるようにしたい。教師のやる気を引き出し，実践意欲を高めるワークショップ型研修を進めていきたい。

3 授業づくりワークショップの進め方

(1) 事前準備

①ワークショップの人数

1日日程の「対話のある授業づくりワークショップ」は，10～20人の人数で行うのが望ましい。人数が10人以下の場合は，役割分担の人員がたりず，模擬授業を進めることができない。20人以上の場合は，グループの数が多くなり，全部のグループが模擬授業をできなくなったり，1グループの模擬授業の実施時間が短くなったりして十分な成果を上げることがむずかしい。

②参加者への指示

事前に参加者には，自分が行ったグループ・アプローチを取り入れた授業の指導案，もしくは授業で取り組んでみたいグループ・アプローチに関する参考図書を持参することを指示する。

③準備物

授業づくりワークショップを開催するために準備する物品は以下のとおりである。

　○ペンネーム用のA4判の厚紙（横長で使用し，上部に首からつるすための二つの穴のあいたもの）とひも（参加者数）
　○油性ペン，はさみ，A4判用紙，掲示物作成用紙
　○コピー印刷機（作成した実施計画やワークシートを印刷して配布するためのコピー機能のあるプリンターなど）
　○ショートレクチャーで配布する説明資料（グループ・アプローチ活用スキル一覧，実施計画作成シート記入例など）
　○グループづくりワークシート（この指とまれ！で仲間づくり）　※資料1（p.103参照）
　○アドバイス・カード（参加者数）　※資料2（p.104参照）

シェアリング（分かち合い）場面で活用スキルを生かすために，観察者用のアドバイスカードを作成した。授業者のうまくできている活用スキルの項目をチェックし，集団や個別アセスメントの生かし方，想定した児童生徒への対応，教科・領域のねらいの達成状況などについて思ったことを記入する。
○実施計画作成シート（グループ数）
　教師と学級の状態のアセスメントや重点にして取り組む活用スキル，模擬授業実施部分を中心とした本時の展開，想定する児童生徒の状態を考えて記入する。
○模擬授業でロールを行うA，B，Cの3パターンの表示札（首からつるすひものついたA4判のホワイトボード，ホワイトボード用ペン）

(2) オリエンテーション

①**出会いのエクササイズ（仲間意識の醸成）**
○今日1日学び合う仲間に心を込めてあいさつ
　仲間とともに今日のワークショップをつくりあげるために，出会いに感謝し，自由に歩き回って握手をする。そしてワークショップに参加したいまの気持ちを話す。
　「おはようございます。○○○○の鈴木です。」
　「いまの気持ちは，○○○○○○○○○○○○です。」
　デモンストレーションを行ってから開始する。

②**対話のある授業づくりワークショップへの期待の表明**
　コーディネーター（または講師）がワークショップへの期待を自己開示する。
○カウンセリング（グループ・アプローチ）を取り入れて，かかわり合い対話のある楽しい授業をしたい。
○グループ・アプローチを生かして教師の指導力向上を図りたい。
○参加した皆さんのモチベーションの高さはすばらしい。すすんで活動

第3章 対話のある授業の理論と方法

して得るものが多い研修会にしよう。

③日程説明

1日日程

9:00	10:00	12:20	13:00	16:10	16:30
オリエンテーション ショート・レクチャー（授業に生かす視点）	ペンネーム作成 グループづくり グループ活動 ・課題の絞り込み ・模擬授業実施計画作成 ・模擬授業提案の準備	昼食	模擬授業（授業場面再現による演習） 活動1（2グループ） 休憩 活動2（2グループ）	全体シェアリング（振り返り，意見交換）	

Fig.1　ワークショップの日程（1日日程）

8:30〜9:00	受　付
9:00〜9:15	オリエンテーション
9:15〜10:00	ショート・レクチャー
10:00〜10:20	グループづくり（3〜5人の3〜4グループ程度に）
	○ペンネームづくり
	○課題によるグループ結成（この指とまれ！）
	○グループ課題の絞り込み
10:20〜10:30	休　憩
10:30〜12:20	グループ活動
	○グループ課題による実施計画の作成
	○模擬授業提案の準備
	（準備物の作成，授業者の決定，メンバーの役割確認）
	○実施計画の提出
	（昼食・休憩時に実施計画を参加人数分コピーし配布）
12:20〜13:00	昼食・休憩
13:00〜16:10	授業シミュレーション（授業場面再現による演習）

　　　　　　　　　　○作成した指導案による模擬授業の提案
　　　　　　　　　　　・授業のねらい，流れの説明
　　　　　　　　　　　・模擬授業実施場面の説明
　　　　　　　　　　　・役割の設定（児童生徒役の参加の仕方）
　　　　　　　　　　　・模擬授業の実施（15分～20分）
　　　　　　　　　　　・シェアリング（振り返り）
　　　　　　　　　　（1グループの実施時間は30分～40分）
　　　　　　　　　　○途中に休憩を入れる。
16：10～16：25　　全体シェアリング（振り返り，意見交換）
16：25～16：30　　○ペンネーム解除
　　　　　　　　　　○アンケート記入，受講証明書配布，解散

(3) ショートレクチャー

①対話のある授業づくりワークショップの目的の確認

　学校は授業で動いている。学校で起こる問題のすべての解決の糸口は授業の改善にある。本ワークショップは，授業にグループ・アプローチを取り入れるグループ・アプローチ活用スキルを身につけ，対話のある授業を進める授業力を高めるために行う。

　本ワークショップには三つの目的がある。
　○グループ・アプローチを取り入れ，授業を活性化する際の課題や解決策を発見する。
　○グループ・アプローチを取り入れた授業の実施計画を作成し，模擬授業を行うことにより，グループ・アプローチ活用スキルを身につける。
　○ワークショップで学んだことを生かして，学級集団を育て，ふれあいの多い対話のある授業ができるようになる。

　國分康孝先生の言葉にある「授業の下手な教師が教育相談を叫んでも，人はついてこない。面接も上手，授業も上手，これぞプロフェッショナルな教師である」のようなプロフェッショナルな教師をめざしてワーク

ショップに参加しよう。

②実践経験の確認

参加者に以下の質問をして，グループ・アプローチを授業に生かした経験を話し合う。

Q．グループ・アプローチを授業に生かしたことがありますか。あなたのこれまでの取組みを次の四つのなかから選んでください。

　A．授業に取り入れたことがある
　B．授業に取り入れたことはないが，取り入れた授業を見たことがある
　C．本などで読んだことや聞いたことがある
　D．授業を見たことも本で読んだこともない

Q．グループ・アプローチを取り入れた授業を行う第一歩を踏み出せないのはどうしてだと思いますか。あなたの考えを次の三つのなかから選んでください。

　A．取り入れ方がわからない
　B．うまくできるか自信がない
　C．周りの目（評価）が気になる

それぞれの質問についてペアで話し合い，挙手で参加者の傾向を確認する。

③望ましいワークショップの参加態度

○自己開示的な態度で参加する。
○よいやりとり（いいメール・E-mail）で深め合う。

・平等の立場で	E：Equal footing
・指導計画を作成し	m：My lesson program development
・アサーティブな態度により	a：Assertive attitude
・意見交換を行い	i：Interaction-oriented
・なすことによって学ぶ	l：Learning by doing

④基本ルール
　○参加者が自由に発言したり，模擬授業を行ったりするためにペンネームを使用する。
　　・ペンネームは本名でもかまわない。
　　・会場を出るときははずしてかまわない。
　○ワークショップ中（模擬授業やシェアリングなどの場面）の参加者の言動について終了後他言しない。ただし，ワークショップの成果を活用し，広めることはかまわない。
　○模擬授業の時間は，＜授業者＞＜児童生徒＞＜観察者＞として参加する。
　○お茶やスナック，トイレ休憩は自由とする。

(4)　ペンネーム作成
　Ａ４判の厚紙に油性ペンでペンネームを書く。イラストをかき加えたり，周りをハサミで切ったりして整え，首からつるす。

(5)　グループづくり
①「この指とまれ！」のワークシート（資料１）に取り組みたいことを記入する
　１日日程のワークショップでは，「この指とまれ！」のワークシートを事前に配布し，記入して参加するようにする。
②仲間を募ったり，仲間に加わったりすることでグループをつくる
　○取り組みたい内容を説明して仲間を募る。
　○相手の説明を聞き，一緒にやりたくなったら仲間になる。
　○一致することを大切にしてグループをつくる。
　○グループの人数は，３～５名とする。
　校内研修でワークショップを実施する場合は，事前に希望を調査し，グループを決めておく。
③グループ課題の絞り込み

○グループで互いに自己紹介する。
○グループの名前を決める。
○模擬授業の内容や授業者などの役割を話し合う。
・教科，領域名，対象学年，実施時期，取り入れるグループ・アプローチを決める。
・模擬授業を行う授業者やそのほかの分担を決める。

（6） 実施計画作成と授業提案の準備（グループ活動）
①授業の設定を決める
○グループ・アプローチを生かした模擬授業実施計画作成シートの例（内容を具体的に記入した実施計画）を参考にする。
○模擬授業実施計画作成シート1～2ページのアセスメントの設定を決める。
○3ページの本時のねらい，本時の展開を話し合う。

②分担して指導計画を作る
○授業の全体の流れを話し合った後，担当するページを分担して模擬授業指導計画表を完成させる。
・1～2ページ（アセスメント，目標や導入目的を考える）1人
・3ページ（本時のねらい，展開を考える）1人（授業者）
・4ページ（介入，シェアリング，自己開示の内容を考える）1人
・5ページ（ロールを行う児童生徒の状況と対応方法を考える）1人
○分担した模擬授業実施計画作成シートが完成したら，全員で内容を確認する。

③授業で使う教材を作成する
○模擬授業で使う掲示物，ワークシートなどを作成する。

（7） 模擬授業
①授業の概略と模擬授業を行う順番の希望を黒板（または白板）に記入（昼食時）

○黒板（または白板）に，授業者，教科・領域，単元・題材，対象学年，実施時期，取り入れるグループ・アプローチなどを書く。（コーディネーターが記入枠を設定）

○グループで模擬授業を行う順番の希望を決め，黒板（または白板）の順番の番号にグループ名を書く。（先着立候補制）

②模擬授業の提案

○模擬授業の提案は，グループ・アプローチを取り入れた場面を中心に行う。

○授業の一部分にグループ・アプローチを取り入れた場合は，つなぎの部分を含めて提案する。

○観察役→児童生徒役→模擬授業発表の順にローテーションする。

○二つのグループの発表ごとに，休憩を入れる。

③模擬授業の進め方（1グループの実施時間は30分～40分）

<1> 実施学年，単元・題材名，本時の目標，模擬授業場面を説明	授業者以外の者が説明する
↓	
<2> 取り入れたグループ・アプローチと取り入れるねらいを説明 ・活動の時間，グループの人数，エクササイズの設定，条件などを説明する。	
↓	
<3> 学級集団の状態，教師の指導経験，児童生徒役（ロール）パターンの説明 ・児童生徒役（ロール）3パターンがとる態度，行動を説明する ・活動づくり活用スキル（活動展開，介入展開，シェアリング展開，指導者自己開示，自己開示促進）のなかで重点的に取り組む教師の支援を説明する。	

第3章　対話のある授業の理論と方法

↓

<4>　授業者による模擬授業の提案（15分～20分）
　　・発表以外のグループは，児童生徒役，観察役として参加する。

↓

<5>　シェアリング（分かち合い）（10分～15分）
　授業者のコメント→児童生徒役のコメント→観察役コメント（全員）→全体の話し合い→コーディネーターからのスーパーバイズ

↓

<6>　授業場面の再現（5分～10分）
　対応を工夫して行う場面がないかを話し合う→授業者の納得のもと，その場面の模擬授業を行う→感想を語り合う

④グループの役割・内容
　○模擬授業提案グループ
　　・授業者1人を決めて模擬授業を行う。ティームティーチングで行ってもよいが，その際はティームティーチングのねらいや役割分担を明確に示す。
　　・多くの参加者が授業者を経験するため，模擬授業の前半と後半で指導者が交代してもよい。ただし，交代は1回のみとする。
　　・授業者以外のメンバーは，模擬授業の最初に授業のねらいや流れ，役割（ロール）設定などの説明を行う。
　　・授業者以外のメンバーは，児童生徒役や観察役として授業に参加し，自分たちの計画を実施した感想や意見を述べる。
　○児童生徒役グループ
　　・児童生徒役の3名は，設定されたA，B，C3とおりの参加態度を演じる。

- そのほかの児童生徒役は，学級集団の状況や発達段階を自分なりに想像して演じる。
- 役割を演じながら，児童生徒として感じることを味わう。
- 授業終了後，児童生徒として感じたこと気づいたことを発表する。

○観察グループ
- 観察グループは，模擬授業や授業者のよい点を中心に観察する。
- 児童生徒役のメンバーであっても，特に観察してみたい希望があれば，参加者の了解のうえ観察役にまわってもよい。
- 観察者は，指導計画や授業の進め方等についてのアドバイスを「アドバイス・カード」（資料2）に記入する。
- 観察した感想や意見をシェアリング（分かち合い）で発表する。
- 「アドバイス・カード」は，模擬授業提案グループに渡す。

⑤コーディネーターの役割
○模擬授業では，授業がねらいから大きくそれたとき以外は介入を行わない。
○シェアリング（分かち合い）は，授業者や提案グループが自信や意欲を高める話し合いになるように努める。
○参加者の「いま，ここで」感じたことを引き出すように努める。
○意見交換だけでなく，重要な場面では役割交代や場面再現など，具体的な活動を通して考えるようにする。

(8) 全体シェアリング

①グループでの振り返り
○ワークショップを経験して，どんなことが心に残りましたか。自分のいまの気持ちをグループの仲間に語ってください。

②全体の振り返り(輪になる)
○ワークショップについての感想や意見を話し合いましょう。
○最後に，これからどうしたいかを話し合いましょう。自分の気持ちを

ここにいる皆さんに伝えたい方はお話しください。
③コーディネーターのまとめ
　○子どものために子どもの心に響く授業ができるようになろう。
　○ほかの教師が真似をしたくなる実践を行おう。
　○そして何よりも教師自身が充実感を味わえる授業を行おう。
　○ヒューマンネットワークを大切にして進んでいこう。
　ワークショップの最後には，全体で「ありがとうございました」と言ったり，感謝の気持ちを伝え合う時間を設けたりする。そしてワークショップで多くのことを学ばせてもらったメンバーに互いに感謝して終了する。

4　授業づくりワークショップの効果

　いま，教育カウンセリングに期待されていることは子どもの心を育てることである。けれども，授業にSSTを取り入れたとしても，トレーニングだけに終わっていたのでは子どもは前向きには取り組まない。意欲を引き出し，かかわりをつくりだすスキルをもった教師だけが心に響く指導ができるのである。
　活用スキルの習得をねらいとしたワークショップは，教師の授業づくりにどのような影響を与えるのだろうか。
　水上（2006）は，授業づくりワークショップによるアセスメントとプログラム作成に関するスキルの習得について考察している。Table 1 は，「指導計画作成（Plan）時にアセスメントとプログラム作成に関するスキルに配慮することで指導計画作りがうまくできたか」という質問に対する回答である。

Table 1　アセスメント，プログラム作成スキルによる授業づくり

Plan 段階	回答数（10人）
1．ぜんぜんうまくできなかった	0人（ 0％）
2．少しうまくできなかった	0人（ 0％）
3．どちらともいえない	0人（ 0％）
4．少しうまくできた	10人（100％）
5．たいへんにうまくできた	0人（ 0％）
1～5の平均得点	4.0

①受講者のコメント

　○アセスメントに関するスキルの中身を詳細に分類，整理することで，子どもにつけたい力や授業構成に必要なカウンセリング方法を考えることがやりやすくなった。

　○これを参考に，もっと学級の実態に合った形で細かなステップを組んで授業を仕組んでみたいと思いました。2学期に取り入れていくことができそうです。

　受講者全員がカウンセリングを取り入れた指導計画づくりが「少しうまくできた」と答えている。「グループの先生方にたくさん教えてもらった」「実際にやってみようと思った」などの受講者のコメントから，アセスメントとプログラム作成に関するスキルを生かしてグループ作業を進めたことで指導計画づくりの自信や実践意欲が高まっていた。

　水上（2008）は，自己開示（self-disclosure）に関するスキルの習得を目的としたワークショップを実施し，受講者の指導者自己開示や子どもの自己開示促進のスキル向上，授業での自己開示に対する意識の変化について調べた。事後アンケートによると，「授業や活動のなかで教師が自己開示したり，子どもや学級全体の自己開示を促進したりすることは必要だと思ったか」には，受講者全員が「大変に必要である」と回答していた。

②受講者の意見・1

○子どもの本音を出させる心に響く授業というのは，まず教師が自己開示をし，資料に子どもをのせる，モチベーションを上げることが必要だとわかった。（小学校・教諭）

○教師自身が思いや願いを伝えるスキルを身につけていることはもちろん，子どもに対する熱意が自然に自己開示できることにつながる気がした。（小学校・教諭）

Table 2 によれば，ワークショップ受講者は活用スキルを身につけることで授業づくりがうまくできるようになると答えている。

Table 2　活用スキルによる授業力の向上（事後）

	回答数（13人）
5．たいへんに思った	12人（92％）
4．少し思った	1人（8％）
3．どちらともいえない	0人（0％）
2．あまり思わなかった	0人（0％）
1．ぜんぜん思わなかった	0人（0％）
1～5の平均得点	4.9

③受講者の意見・2

○本で読んでいるだけではよくわからないが，実際に模擬授業を見て，こうやって授業に取り入れればいいんだというヒントがもらえた。（小学校・教諭）

○日々の教育活動のなかに，子どもと接するなかに，カウンセリング技法やグループ・アプローチを工夫して取り入れていこうという意欲が高まった。（小学校・教頭）

以上のことから習得する活用スキルを自己開示に焦点化したワークショップは，指導方法の理解を促進することがわかった。

Table 3 は，「ワークショップを体験してシェアリングや自己開示の方法や留意点がわかりましたか」に対する回答である。いずれも「よくわかっ

た」「少しわかった」の合計が90％を超えており，授業にシェアリングや自己開示を取り入れる方法や留意点の理解が進んだといえる。

Table 3　授業にシェアリングや自己開示を取り入れる方法や留意点の理解

	シェアリング	自己開示
5．よくわかった	13人（62％）	13人（59％）
4．少しわかった	7人（33％）	7人（32％）
3．どちらともいえない	1人（5％）	2人（9％）
2．あまりわからなかった	0人（0％）	0人（0％）
1．ぜんぜんわからなかった	0人（0％）	0人（0％）
1～5の平均得点	4.6	4.5

④シェアリングについてのコメント

　○一方的に教師が伝えるより，子ども同士のほうが気づき合いが深い。思いやりが育つ。子どもの活動そのものが活性化する。

　○子ども同士の学び合いこそが重要。クラスという集団を用いる理由，意味をあらためて体験した。

　○気持ちや考えを交流することで，学ぶ楽しさや達成感が増し，友達関係もよくなると確信した。

⑤自己開示についてのコメント

　○はるちゃんが，たき火をあたらせてもらえない実体験を語ったとき，胸にジーンとしみてきた。「ジーンとする」ことは「心が動くこと」で，授業は心を動かしてなんぼだと思った。

　○自分が体験するだけでなく，ほかのグループの授業を見ることで（また，生徒役をやることで）教師サイド以外の気持ちに気づくことができた。また，自己開示の仕方についても，グループの話し合いで深めることができた。

　このように受講者は，授業でシェアリングや自己開示を行うねらいや意義を具体的につかんでいた。特に，ワークショップの最後に行った全体シェ

アリングでの話し合い（全員が発言）が，受講者の意識を深めるのに効果があったことを指摘している（水上, 2010）。

　また，活用スキルの習得をめざす授業づくりワークショップは，参加者に多くの気づきを提供し，活用スキルを身につけることで，かかわり合い，学び合う，対話のある授業づくりが可能になることを報告している。そして対話のある授業づくりワークショップは，かかわり合い，学び合う授業力向上に有効であることを指摘している（水上, 2012）。

　これまでグループ・アプローチを取り入れた授業であっても，通常の授業と同じ振り返りしか行われなかった。取り入れた視点がはっきりしないために，教師の授業力向上には結びつかなかった。これからは，グループ・アプローチなどのカウンセリングを取り入れた授業は，計画づくりと活動づくりの活用スキルの状態から検討を加えるようにしたい。明確な視点で授業を検討することにより，集団を生かした授業改善の方向が明らかになるのである。

第5節 対話のある授業で教師が変わる

1 ふれあいや学び合いをつくる教師

　教師の授業力を高めるための研修が求められている。学校では互いの授業を公開する互見授業を実施し，発問や指示，対応などを検討して実践的な指導力をつけている。授業研修は，＜授業者が考えた指導案を検討する＞＜授業を行って事後研修で話し合う＞＜講師を呼んで話を聞く＞という研修パターンが多い。そして，聞く，話すことを中心に研修が進められており，体験する，分かち合う研修は少ない。

　カウンセリングに期待されていることは，ふれあいを深め，かかわり合い，学び合う授業づくりをサポートすることである。子どもの心に働きかける授業を進めるときに意識してほしいのは，グループ・アプローチ活用スキルの学習活動づくりのスキルである。笑顔力や目力，介入，シェアリング，自己開示のスキルを高めることによって，授業でのかかわりを深めることができる。

　例えば教師にシェアリング（分かち合い）のスキルが身についていれば，授業にペアやグループ，全体の分かち合いを取り入れ，教師がうれしかったことや新しい発見，期待などを語るようになる。そして気づきや思いを分かち合うことで，本音と本音の交流を促進し，リレーションを深めることができるのである。授業づくりワークショップの考え方，進め方を参考に，ふれあいや学び合いを生かす授業づくりの研修を充実させてほしい。

2 集団を生かす授業力

(1) 経験を生かすベテラン教師

「こんなこともできないの？」と減点的に評価し，強い思い込みのために一方的に指導してしまう教師がいる。このような教師は経験を重ねたベテランに多い。カウンセリングを学ぶことで子どもとのかかわり方を見直そうとしている教師もいるが，座学で知識を詰め込むだけの研修では，実践で生かすことはむずかしい。

教師でベテランと呼ばれるようになったとき，振り返ってほしいことがある。それは，指導している子どもと本音と本音の交流ができるかということである。教師の役割だけで接していないか，指導している子どもの本音を聞くことができるかを振り返るのである。

授業づくりワークショップでは，自分を開き，子どもを開く自己開示のスキルを向上させる。例えばSSTを取り入れた国語の模擬授業「おすすめの本――本の力」では，計画段階で自己開示する内容を考え，自分の小学校時代に読んだ本について語った。授業者は，「教師役で自己開示したとき，ほんとうに読書の楽しさが伝わり，朝読書している子どもの心を動かせたと感じました」という感想を述べている。そして，教師の自己開示によって，子どもとの関係を深めることができることを実感していた。

中堅やベテラン教師と呼ばれるようになったときに，経験を先行させるのではなく，本音を語ることで関係を深める力を見直してほしい。そのために授業づくりワークショップを体験し，授業場面で子どもとの関係を深めるスキルを身につけてほしい。そして豊かな経験を生かし，授業や学級経営などの指導であこがれられる先輩になることを願っている。

(2) フレッシュな力を生かす若手教師

若手教師からは，1対1の対応はできるようになったが集団を動かすことができない，授業で子ども同士のリレーションを深めることがむずかし

い，という悩みを聞く。このような悩みにこたえようとする参考図書は多いが，実践力を高めるための研修方法はないのが現状である。

対話のある授業づくりワークショップでは，SSTなどを取り入れた指導計画による模擬授業を行い，活用スキルが身につくようにしている。例えば介入展開では，＜ねらいからはずれている＞＜子どもがのってこない＞＜活動に入り込めない＞＜ダメージを受けた＞などの場面や児童生徒役を設定し，その対応を学ぶ。授業者役や児童生徒役，観察役になることで多くの気づきがある。参加者の感想は次のとおりである。

　○SGEの「いろいろ握手」「アドジャン」を取り入れたことで，英語の授業のなかに楽しさが生まれた。（授業者役・高校・英語・初任者）
　○活動進展のスキルが不十分で，実際の授業だったら大混乱を起こすに違いないと思う。介入するにもシェアリングするにも，「ねらい」に立ち戻りたいと思った。（授業者役・小学校・養護教諭）

このように活用スキルの習得をめざした模擬授業は多くの学びがあり，それを分かち合うことで集団を育て集団の力を引き出す力量を高めることができる。

「集団を動かすことができない」という若手教師は，板書や発問などの授業の基本技術を磨くとともに，活用スキルの動機づけやシェアリング，介入，自己開示のスキルを身につけてほしい。そして，対話のある授業にチャレンジし，学校現場にフレッシュな風を起こしてほしい。

（3）活用スキルで授業力を高める

全国学力・学習状況調査が実施され，結果に基づく学力向上策が進められている。この調査の分析では，友達と会うのが楽しいと思っている子どものほうが正答率が高く，家庭学習の時間も長く，学習意欲も高いことが指摘されている（富山県検証改善委員会報告書より）。よい友達関係，つまり仲間の力が学ぶ意欲や態度を支えていることが明らかになったのである。そして，コミュニケーション能力向上や好ましい人間関係づくりと学

力向上を一体的に進める授業改善を求めている。

　これからは学ぶ意欲を高めるために，子どもたちのコミュニケーション能力や人間関係を高める授業研究を行うようにしたい。授業のなかで仲間の力を高め，学ぶ意欲を支えることのできる教師が増えることが学力向上につながるのである。

　Q-U（楽しい学校生活を送るためのアンケート）を使って満足型の学級集団育成をめざして学級経営に取り組むときに，学級集団と教師の指導行動のミスマッチをもとに対応策を考える。そしてルールとリレーションの窓から学級集団を育てていく。学級集団を育てるには，朝の会や帰りの会，休み時間，給食時間，掃除時間など，学校生活のすべてでルールの確立やふれあいのある人間関係の促進がポイントとなる。

　これらの対策は学級経営の問題であるとして，授業研究で取り上げられることはほとんどなかった。けれども，これからは授業のなかで学級集団の力を引き出し，かかわりやふれあいを生かす指導力を高める研修を行うようにしたい。授業にペアやグループ，全体による子ども同士の分かち合いを取り入れたり，教師がうれしかったことや新しい発見，期待などを語ったりすることで，リレーションを深めることができるのである。

　いま，学校では若い先生が増えている。大きな世代交代の波が押し寄せている。若い教師には，ぜひフレッシュな風を現場に送ってほしい。お手本となる先輩教師には，かかわり合い，学び合う，対話のある授業づくりを指導できるようになってほしい。

3　ワークショップで研修が変わる

　学校現場は忙しい。学習指導要領が新しくなり，授業時数が増えたため，教師の多忙感がますます高まっている。子どもが登校している課業日には，1時間の研修会を行うことさえむずかしい実態がある。

ワークショップ型研修には，「時間がかかる」「進め方がむずかしい」「ねらいを達成することが困難である」というイメージがある。さらに，ワークショップを取り入れた研修に参加したり，ワークショップ型研修を進めたりした経験のない教師も多い。

　「対話のある授業づくりワークショップ」は通常1日で行うが，活用スキルを絞り込み，ねらいを明確にすることで，短時間でも行うことができる。例えば，シェアリング展開のスキルに絞り込んだ研修会は以下のようになる。

①シェアリング展開のスキルを高める研修会
　〇講師より学習活動づくりのスキルの概要を説明する。
　〇どのようなシェアリング（分かち合い）を行ってきたか，自分の授業を振り返る。
　〇ペアになり，自分の取り組みや振り返って思ったことを話し合う。
　〇シェアリングを行ううえでの問題を全体で話し合う。
　〇講師が活用スキルのシェアリング展開のポイントを説明する。
　〇ワークシート「シェアリング（分かち合い）にチャレンジしよう」（想定した授業場面でのコメントを記述する内容）を記入する。
　〇学級の状態の設定を確認した後，自分のコメントを教師役となり，みんなの前で発表する（数名が交替して行う）。この際，ほかの参加者は設定の学級の児童生徒を演じる模擬授業形式で行う。
　〇全体での振り返りを行う。

　このような内容であれば1時間程度で実施できる。授業研修にグループ・アプローチ活用スキルの内容を加えることで，授業と学級経営を一体とする研修を進めることができる。シェアリングなどの活用スキルを身につけ，ふれあいや学び合いの多い対話のある授業を進めることで，ルールとリレーションを育てることができる。そして授業研修に学級づくりや人間関係づくりの視点を入れることで，教師の授業力は飛躍的に向上すると

考えている。

　次から次に新しいカウンセリングの考え方や方法が紹介される。これまでは，それをより早く取り入れることに力を注いできた。そして授業で実践さえすれば評価を受ける傾向があった。これからは，カウンセリングを取り入れるだけでなく，学校生活の中心である授業に生かすことに力を注ぐようにしたい。教師主導の一斉指導や一問一答ではなく，人間関係やコミュニケーションを高める授業をめざしたい。子どものかかわりを生かし，学級集団を育てる授業づくりの視点をもつことで，教師の授業力は変わるのである。

　対話のある授業づくりワークショップは，授業づくりの新たな研修方法である。このワークショップが教師の人間関係の指導力や学び合う授業力を高める研修として活用され，教育カウンセリングの波が広がっていくことを願っている。

対話のある授業づくりワークショップ
この指とまれ！で仲間づくり
~いっしょに授業づくりをするグループをつくろう~

◇私の授業づくりの悩み◇

☐

◇取り組みたい授業のイメージ◇
① あたたかい人間関係づくりのための授業
② 会話の基本的技術を習得させるための授業
③ 自分の意思を円滑に伝える技術習得のための授業
④ 自分を好きになる子どもを育てる授業
⑤ ストレスの対処の仕方を教える授業
⑥ 道徳の学習にグループアプローチを取り入れた授業
⑦ 教科の学習にグループアプローチを取り入れた授業
⑧ 学級や学年の行事にグループアプローチを取り入れた授業
⑨ キャリア（進路指導）教育にグループアプローチを取り入れた授業
⑩ その他の授業を希望
　（具体的に　　　　　　　　　　　　　　　　　　　　　　　　　　　　　）

第1希望	（　　　）の授業に取り組みたい	第2希望	（　　　）の授業に取り組みたい

ワークショップで取り組んでみたいこと

◆書くことができるところを記入
① 取り入れるグループアプローチの方法やエクササイズの内容
　（　）構成的グループエンカウンター　（　）ソーシャルスキルトレーニング
　（　）アサーショントレーニング　（　）グループワークトレーニング
　（　）その他の方法〔　　　　　　　　　　　　　　　　　　　　〕
　・エクササイズの内容

② 教科領域名

③ 単元・題材名

④ 対象学年
　・幼稚園　・小学校（　年）　・中学校（　年）　・高等学校（　年）

⑤ 想定する学級（児童生徒）の状態

◇誘い合ってグループづくり◇

ワークショップでは仲間を募ったり，仲間に加わったりすることで授業づくりをするグループをつくります
　① 取り組みたい内容を説明して仲間を募る。
　② 相手の説明で，いっしょにやりたくなったら仲間になる。
　③ 一致するところを大切にしてグループをつくる。
　④ グループの人数は，3~5名とする。

第3章　対話のある授業の理論と方法

アドバイス・カード
～勇気とやる気の出るアドバイスを～

（　　　　　　　グループ）へ

　　　　　　　　　　　　　　　　ペンネーム（　　　　　　　　）

教科領域		単元・題材名		学年	

◇ *授業のよいところ* を見つけよう　　　　　　　（すごくよい―◎　よい―○）

学習活動づくりのスキル		スキルの内容	授業者の重点項目✓	よいところチェック欄（◎・○）
活動進展	活動展開	①活動意欲を高めるわかりやすい指示や発問をしていた。		
		②ペアやグループの活動を取り入れ，かかわりをつくっていた。		
		③笑顔で話したり，笑顔を送ったりすることを行っていた。		
		④子どもの目を見る，子どもと目を合わせることを行っていた。		
	介入展開	①ねらいからはずれた行動に適切に対応していた。		
		②活動に入り込めない子どもの対応を行っていた。		
		③抵抗を示したり，反抗したりする子どもの対応を行っていた。		
		④ルールを守らない子どもの対応を行っていた。		
		⑤ダメージを受けた（受けそうな）子どもの対応を行っていた。		
	シェアリング展開	①子ども同士の分かち合い（シェアリング）を行っていた。		
		②わかち合いによってねらいに迫ろうとしていた。		
		③指導者の気づきによってわかちあいを促進していた。		
自己開示	指導者の自己開示	①気づきや思いをアイメッセージや表情，視線で伝えていた。		
		②ねらいを意識して体験などを語っていた。		
		③ほめ，認め，励ますことであたたかい雰囲気をつくっていた。		
		④期待や願いを語ることで勇気づけていた。		
	子どもの自己開示促進	①教師のモデルによって子どもの自己開示を促進していた。		
		②安心して自己開示できる環境や雰囲気づくりをしていた。		

◇ *気のついたこと* をアドバイスしよう

指導者役の方にひとこと ◆想定した子どもへの対応は…… ◆対話のある授業だったか ◆授業者から教えられたことは……	
アセスメントや指導計画についてひとこと ◆集団や個別のアセスメントの生かし方は ◆グループアプローチの取り入れ方は…… ◆教科・領域のねらいの達成は……	

第4章

対話のある授業をすすめるコツ（実践例）

1 ①シェアリング　ふれあいをもとに活動をつくるコツ

小学校　3年　社会
調べよう物をつくる仕事―ねぎをつくる仕事―

☞ポイント　気づきや思いの深まりや広がりをつくる

○社会科の見学前や後の話し合いは，少人数で思いや考えを分かち合ってから全体で話し合うことで多くの意見が出るようになる。
○友達とかかわって考えを深める話し合いがうまくできない学級では，ペアやグループの活動から始めるようにする。

1　授業の概要

(1) 単元のねらい

○地域でつくられているねぎに関心をもち，ねぎ畑や仕事の様子を意欲的に調べようとする。(社会的事象への関心・意欲・態度)
○ねぎ畑や仕事の様子の見学・調査を通して，生産に携わる人々の工夫や努力，願いや思いについて考える。(社会的な思考・判断)
○ねぎ畑や仕事の様子を見学し，観察したりインタビューしたりしたことを工夫してまとめたり，話し合ったりすることができる。(観察・資料活用の技能・表現)

(2) 全体計画（本時12／13時間）

第1次（7時間）　ねぎづくりの様子を調べよう
第2次（4時間）　ねぎが商品になるまでを調べよう
第3次（2時間）　品川さんの願いを考えよう

(3) 本時のねらい

　品川さんが土づくりにこだわる理由を話し合うことを通して，品川さんのねぎづくりに対する思いや願いについて考える。

(4) 本時の流れ

	学習活動	指導のコツ
導入 10分	1　品川さんの畑1枚分にまく堆肥と化学肥料の量と労力の違いを比較し，思ったことを発表する。	・ねぎ畑や堆肥生産施設の見学の写真を提示したり，学習のあゆみの掲示物を利用したりして，想起しやすいようにする。
展開 25分	2　品川さんはどうして土づくりを一生懸命にするのだろうか。 ◇グループで話し合う。 ・買う人のことを考えている。 ・仕事が好き・仕事への情熱 ・エコファーマーとしての責任 ◇全体で話し合う。 ・○○君は買う人のことを考えていると言っていたけど，私も同じで品川さんはお客さんが食べて喜ぶ顔が見たいのだと思う。	●グループでの話し合いの場を設け，だれもが考えをもてるようにする。 ●教師が，甘いねぎをつくろうとして土づくりに一生懸命になっている品川さんとかかわって感銘を受けたことを話す。 ●グループの友達の考えと比べて発言するようにし，子どもの意見がかかわり合うようにする。
終末 10分	3　学習を振り返って思ったことをノートに書き，発表する。 ・白い部分の長さを長くするために，がんばっているのだと思った。 ・自然をこれ以上壊さないで，大切にしていこうと考えているんだな。 ・エコファーマーに認定されているので，しっかり仕事をしているのだな。	・書けない子には，個別に声をかけ，思いを聞き取って書けるように助言する。 ・「買う人のことを考えて」「仕事が好き・仕事への情熱」「エコファーマーとしての責任」などの観点でわかりやすく板書してまとめる。

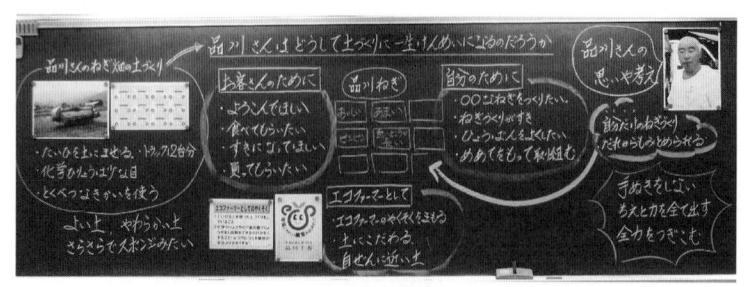

[本時の板書]

2 対話のある授業を進めるしかけ

(1) 子ども同士のシェアリングを実施するために考えたこと

　本単元では，ねぎ畑の見学，ねぎ掘り体験，作業所の様子の見学，品川さんへのインタビューなど多くの体験学習を取り入れた。話し合い活動では，どのようなものの見方や考え方を期待するのかというねらいをはっきりさせ，体験して思ったことわかったことの分かち合いを活発にすることで考えを深めるようにしたいと考えた。

(2) 子ども同士のシェアリングを実施するために工夫したこと

　○現地見学や体験活動の前や後の話し合いは，最初にペアやグループで互いの思いや考えを分かち合うようにする。
　○分かち合ったことを全体で取り上げ，ペアやグループの話し合いを生かすことで気づきや思いの深まりを実感させ，対話の楽しさを味わうようにする。
　○教師の思ったこと感じたことを授業のねらいに合わせて伝えることで子どもの考えを深める。

3 指導の実際

　本単元では，「物をつくる仕事」として地域で生産されているねぎを取

り上げた。教材として扱う「品川ねぎ」は，やわらかくて甘みがあり，白い部分が長いのが特徴である。また，品川農産は畑の土に牛糞などからできた堆肥を混ぜる土づくりにこだわり，農薬や化学肥料をできるだけ減らして自然に近い環境で栽培するエコファーマーに認定されている。

畑の見学やねぎ掘り，作業所の見学や皮むき，品川さんへのインタビューなどの体験により，子どもたちはたくさんの事実を見つけ，疑問をもつであろう。けれども大事な事象を見過ごしたり，聞き漏らしたりするために一人一人の子どもの理解に差が出てくることが予想された。

このため授業では全体の話し合いだけでなく，ペアやグループで互いに事実のとらえ方や考えを聞き，話し合う場面を大切にする。「見てきたこと」「聞いてきたこと」からわかった事実の意味をペアやグループで話し合う場を設定することで一人一人の考えを深めるようにする。

❶ペアで互いの考えを話し合う

単元の導入では，「品川ねぎ」と家庭菜園のねぎの実物を見比べたり食べたりして子どもをゆさぶる教材提示を行った。実物を見比べたり食べたりした後にペアでの3分間の話し合いを取り入れた。「白い部分の長さが違う」「甘さが違うと思った」「こちらのねぎは，丸いな」など，互いの考えや思いを知ることができた。

その後の話し合いでは，自信をもって発言する子どもが増え，多くの子どもが参加していた。そして生産者が工夫して作っていることに目が向いていった。このようにペアで互いの考えや思いを話したり，聞いたりすることで全体の話し合いを深めることができる。まずペアでの話し合いがうまくできるようにすることが大切である。

❷全体の前にグループで話し合う

品川さんが土づくりに一生懸命になる理由を考える場面では，全体の話し合いの前に3〜4人グループの話し合いの場を設けた。「甘いねぎをつくろうとしているから，土づくりに一生懸命になっている」「白い

部分の長さを長くするためだと思う」などの意見が出た。そのあと「グループの友達の意見を聞いて思ったこと考えたことを話し合いましょう」と友達と比べ、意見の違いや友達の良さを意識させるようにした。

全体の話し合いでは、友達と比べて発表したり、友達の意見につけ足して発言したりする姿が見られるようになった。そして友達のよい所を見つけて発表したり、自分の気持ちや考えを友達とつなげてわかりやすく発言したりする子どもが増えた。

❸分かち合って考えたことを認める

ペアやグループの話し合いの後には、分かち合ったことを認める教師の働きかけが大切である。すぐに話し合いの内容を聞くのではなく、分かち合いで感じたこと、気づいたことを話し合うようにした。「ペアの友達の意見を聞いて思ったことはありませんか」「友達と同じだったことはありましたか」「友達の意見でびっくりしたことはありませんか」など、かかわりのなかでの気づきを引き出すのである。

また、ペアやグループの話し合いの様子をほめることも大切である。「うなずきながら聞いている人がいました」「自分の意見をしっかり話していました」など、活動のプロセスをほめるようにしたい。そして、ペアやグループで分かち合うことは楽しいという充実感を味わうようにしたい。

❹振り返りを深めるモデルは教師

シェアリングで振り返りを深めるモデルは教師である。社会科では、子どもに体験させたり、見学させたりする前に教師自身が取材を行う。そこで感じたこと思ったことを授業で生かすようにしたい。

本単元では、担任は品川さんのねぎづくりへの情熱やこだわり、つくったねぎに対する誇りに深い感銘を受けていた。土づくりについて考える場面では、教師もこだわりをもって土づくりに取り組む品川さんの姿に感動したことを話した。このような教師の自己開示によって、子どもか

ら「自分もそう思った」「ほかにもこんなことに気づいた」など，多くの本音の意見が出されるようになった。

4 実践からわかったこと

(1) 子どもの変化
○ペアやグループで予想や結果を話し合う場面を設けたことが子どもの安心感や自信につながり，意欲的に活動する姿が見られるようになった。

○一部の子どもに偏っていた話し合いが，ペアやグループでの分かち合いの楽しさを味わったことにより，友達の考えを意識し，すすんで発言する子どもが増えた。

(2) 教師の変化
○調べ活動の話し合いにペアやグループの活動を取り入れたことで，ほかの教科の授業でも全体の話し合いにペアやグループの活動を組み合わせるようになった。

○分かち合う場面を設けて全体の話し合いが深まっていくことを経験することで，ペアやグループでの活動を取り入れ，発言力のない子どもが表現しやすい場を配慮するようになった。

(3) 今後の課題
○課題提示を工夫して，一人一人が課題をもっての体験や見学を行うようにしないと子どもの気づきが少なく，ペアやグループの話し合いが深まらない。

○ペアやグループでもうまく話せない子どもがいる場合は，話し方のパターンを示すなど，きめ細かい配慮が必要である。

（高川　芳昭）

2　①シェアリング　ふれあいをもとに活動をつくるコツ

小学校　5年　音楽
日本と世界の音楽に親しもう

👉ポイント　気づきや思いの深まりや広がりをつくる

○グループで好きな音楽を選び，選んだ音楽の良さを見つけ，ほかのグループの友達に紹介する。
○振り返りをペアやグループで行い，気づきや思いを全体に広げることで学習のねらいに迫る。

1　授業の概要

(1)　単元のねらい

○日本や世界の国々の音楽に親しもうとする。（音楽への関心・意欲・態度）
○日本や世界の国々の音楽の良さや楽器の響きの美しさを味わいながら聴いたり，その雰囲気を生かして表現したりすることができる。（音楽表現の創意工夫）（鑑賞の能力）

(2)　全体計画（本時3／5時間）

第1次（1時間）　和楽器の響きと旋律の美しさを味わいながら聴こう
第2次（3時間）　世界のいろいろな国の音楽に親しもう
第3次（1時間）　音楽のもつ雰囲気を感じ取って歌おう

(3)　本時のねらい

　世界の国々の音楽の良さや楽器の響きの美しさをグループで話し合い，紹介することで，味わいながら音楽に親しむことができる。

(4) 本時の流れ

	学習活動	指導のコツ
導入5分	1　本時のめあてや活動の流れを確認する。	・観点をもって鑑賞できるように，聴くポイントを提示する。 　楽器，歌声の響き，リズム，音楽の雰囲気
展開30分	2　楽器や歌声の響き，リズム，全体の雰囲気を感じ取りながら音楽を聴く。 ◇「京畿道アリラン」を全体で聴いて話し合う。 ・日本の民謡と似ているね。なぜかな。 ・3拍子の音楽だね。 ◇グループで選んだ音楽の特徴や良さを話し合う。 ・「ヨーデル」は，高音と低音をすばやく滑らかに行き来していてきれいだね。 ◇グループで話し合った音楽の特徴や良さを全体に紹介する。 ・「ケチャ」は迫力がある。大勢の人の声で音楽をつくっているからだと思う。	・全体で気づいたことや感じたことを話し合うことで，グループ活動のイメージをもつようにする。 ●同じ音楽が好きな3〜4人でグループを事前につくっておく。 ●グループで活動するねらいを話す。 ・グループで選んだ音楽を紹介した後，その音楽をみんなで聴く。
終末10分	3　学習を振り返って気がついたことや思ったことを紹介し合う。 ・○○さんが「ケチャ」は単調なリズムでも強弱があって飽きないと言っていたけど，気をつけて聴くと確かにそうだな。	●ペアで振り返りをしてから全体に広げる。 ●本時の学習の様子で，教師が気づいたことや感じたことを話す。

第4章　対話のある授業をすすめるコツ（実践例）

2　対話のある授業を進めるしかけ

(1)　子ども同士のシェアリングを実施するために考えたこと

　本題材では，6曲の鑑賞曲のなかから自分が選んだ音楽の特徴や良さを伝え合う活動を取り入れた。グループで聴いて見つけた特徴や良さを友達に伝える活動をする。友達の発表を聞くことによって，気づきや思いが深まっていくと考えた。

(2)　子ども同士のシェアリングを実施するために工夫したこと

○初めに，全体で1つの音楽「京畿道アリラン」についての気づきや感想を話し合うことで，聴く観点や見通しをもって取り組むようにする。

○グループで選んだ音楽の特徴や良さを紹介して全体で鑑賞することで，音楽を味わい楽しむことができるようにする。

○ペアやグループで振り返りをすることで，どの子どもも自分の気づきや思いを話すようにする。また，振り返りを全体に広げることで，多様な気づきや思いにふれるようにする。

○教師が気づいたことや感じたことを伝えることで，子どもが自分の良さに気づき，自信をもって学習に取り組むようにする。

3　指導の実際

　本題材では，イギリス，トルコ，スイス，アメリカ，インドネシア，朝鮮半島の音楽を鑑賞する。世界の国々には大切に伝えられてきたその国固有の音楽がある。それぞれの音楽の特徴や良さを味わいながら鑑賞してほしいと考えた。そこで，好きな音楽を1曲選んでその魅力を探り，友達に紹介する活動を取り入れる。その国固有の楽器の音色や多様な演奏形態による音楽はどれも魅力にあふれており，どの子どもも好きな1曲を選ぶことができるであろう。

しかし，言葉で表現することがむずかしいと感じる子どもがいることが予想された。そこで，鑑賞の観点を示し，グループで友達と対話をしながら音楽の特徴や良さを見つける活動を取り入れることで学習のねらいに迫るようにした。授業の振り返りでは，ペアで振り返りをしてから全体に広げることで，友達の気づきや思いにふれるようにした。また，教師が子どもたちの学習の様子を見て気づいたことやうれしかったことを語ることで，子どもたちが自信をもって学習に取り組むようにした。

❶ 全体で1つの曲を鑑賞し，グループ活動の見通しをもつ

　グループでの活動に入る前に，朝鮮半島の「京畿道アリラン」を全体で鑑賞した。子どもたちは「校歌と似ていると思う」「沖縄の曲みたいだ」等の感想をもった。教師は「どんなところが校歌に似ていると感じたのかな」「沖縄の曲みたいだと感じたのはどうしてだろう」と問いかけた。教師の発問をきっかけにして，子どもたちは「京畿道アリラン」が校歌と同じ3拍子の音楽であること，太鼓の音や写真で見る形態が沖縄で演奏される太鼓に似ていることに気づいていった。そして，音楽を鑑賞して感じることには理由があり，「なぜそのように感じたのか」を探ることで音楽の特徴や良さが明らかになることを確認した。

　1つの曲について全体で話し合い，拍子や楽器，演奏形態など鑑賞する観点を明らかにすることでグループの話し合いの見通しをもつことが

115

できた。
❷同じ音楽を選んだ友達グループで活動する
　同じ音楽を選んだ子どもでグループ活動をした。子どもたちは，CDプレーヤーを使って音楽を何回も聴き，「楽器の響き」「歌声の響き」「リズム」「全体の雰囲気」の観点を参考にしながら，どんなところが好きか，それはなぜかについて話し合うことを通して，グループで選んだ音楽の特徴や良さについての気づきを共有していった。

❸グループの気づきを全体に広げる
　グループ活動の後，全体で音楽を鑑賞した。1曲ごとに特徴や良さについて気づいたことや感じたことを話し合った。
　インドネシアの「ケチャ」では，グループで鑑賞した子どもが，「一人一人が声を出して歌を作っている。チームワークがすごくて，そこがいいなと思った」「同じリズムの繰り返しで印象に残りやすい」「同じリズムが続くけど，強弱があるから聴いていて飽きない」「みんながとても力強く歌っている」など，音楽を特徴づけている要素やいいなと感じたことを自信をもって発表していた。ほかの子どもたちは，発表を聞くことで，音楽の特徴や良さを味わっていた。

❹ペアから全体の振り返りへ
　授業の終末では，ペアで振り返りをしてから全体に広げた。1分で交替し，その後ペアで気づいたことを語るようにした。時間を決めて話すことで，すべての子どもが語ることができ，どのペアも楽しく活動の振り返りを行っていた。
　全体の振り返りでは「ペアの○○さんが『ケチャ』は呪文や儀式のようだったと言っていた。ほかの曲でも，どんな雰囲気なのか気をつけて聴きたい」のように，ペアの話し合いの気づきを全体に広げていた。

❺教師が気づいたことや感じたことを話す
　本時では，子どもたちが世界の国々の音楽に興味をもち楽しく鑑賞し

ていた。また，音楽の特徴や良さを自分の言葉で伝え合っていた。このような子どもの姿をとてもうれしく感じた。教師はその思いを「〇〇さんが自分の言葉で話していてとてもうれしかった」「〇〇君と〇〇さんのペアは楽しそうに話していたね」のように率直に伝えた。教師の話を聞いた子どもたちはさらに意欲的に学習に取り組むようになった。

4 実践からわかったこと

(1) 子どもの変化
〇好きな音楽の特徴や良さを見つけるためのグループ活動を行ったことで，子どもたちは活動に意欲的に取り組んでいた。
〇グループで学習を進めたことで，音楽の良さや特徴を表現する言葉が豊かになった。音楽を味わいながら楽しむことができた。
〇ペアやグループでの話し合いを全体に広げることで，より多くの気づきが得られた。また，友達の話に注意深く耳を傾けるようになった。

(2) 教師の変化
〇題材や活動のねらいを意識して言葉かけをするようになった。
〇音楽鑑賞のように，これまで個人の活動で学習を進めてきたことに，ペアやグループ活動を取り入れるようになった。
〇ペアやグループの活動の良さを見つけ，意識して子どもたちに伝えるようになった。

(3) 今後の課題
〇グループ活動が深まるように，話の聞き方，声の大きさなど，子どもの実態に合ったルールを指導していく必要がある。
〇学習後の振り返りで学習のねらいに即した深い気づきが得られるように，観点や言葉かけを工夫していきたい。

(島田　昌美)

第4章 対話のある授業をすすめるコツ（実践例）

3 ①シェアリング　ふれあいをもとに活動をつくるコツ

小学校　4年　総合的な学習の時間
ぼくらがつくる堀小ビオトープ

> **ポイント　シェアリングによってねらいに迫る**
> ○子どもの実感や本音に根ざした活動を生み，子どもの生き方が表出する教材を選定する。
> ○子どもの追究にどのような葛藤場面や生き方がかかわり合う状況があるかを想定し，シェアリングを設定する。
> ○シェアリングを通して，子どもがどのように心を揺さぶられ，自らの生き方を見つめ，見直していくかを想定して授業を構想する。

1　授業の概要

(1)　単元のねらい
○子どもの手によるビオトープづくりを通して，自然環境や生態系への理解を深め，自然に対する畏敬の念や生命を尊重する心を育む。
○ビオトープづくりでの願いと思うようにならない現実との狭間で，自然環境や活動を進める自分を見つめ，活動を決定していく。

(2)　全体計画（本時15／35時間）
第1次（10時間）　生き物を集めてビオトープをつくろう
第2次（15時間）　生き物にとって住みよい環境を考えよう
第3次（10時間）　生き物と環境とのかかわりを確かめよう

(3)　本時のねらい
自然の摂理と自分の倫理観との狭間（持ち込んだ生き物の食物連鎖）で悩むYさんの話を聞き，ビオトープや活動のあり方を考える。

(4) 本時の流れ

	学習活動	指導のコツ
導入 10分	1　Yさんの悩みを聞き，ビオトープへの願いと現実を確かめる。 【Yさんの悩み】 　カエル池を造りたくて，オタマジャクシをたくさん捕まえて，池に放した。池の近くでヘビを捕まえたが，それを放すとオタマジャクシが食べられてしまう。どうしよう？	・自然の摂理を考えながらも「自分が放した」と，倫理観との狭間で揺れるYさんをしっかり位置づける。
展開 25分	2　Yさんの思いや願いを聞き，互いの自然観や価値観について話し合う。 ・蛇に食べられるのは自然の掟 ・蛇を放すとカエル池じゃなくなる。 ・もともといた場所だから蛇を放してやればよい。 ・Yさんの気持ちもわかるよ。	●自然の摂理と願いなど，さまざまな条件をどのように折り合いをつけていくかについて互いの思いや考えを出し合う。 ●それぞれの立場の違いを板書に位置づける。
終末 10分	3　話し合いをもとに自分のビオトープづくりを振り返る。 ・私もカラスよけの案山子(かかし)をつくっていたよ。自然じゃないかな？ ・ビオトープには，食物連鎖を考えていかないといけないね。 ・どうすれば自然かを考えてみよう。	●自己決定する際に自然観や活動に対する価値観等，何を大切にしているかを振り返るようにする。 ●一人一人の思いや考えの違いが明らかになるように発問する。

2 対話のある授業を進めるしかけ

(1) シェアリングによってねらいを達成するために考えたこと

　　対話のある授業とは，単なる話し合いではなく，シェアリングのある授業である。つまり，活動のあり方（生き方）を見つめていくためには，活動を通しての気づきや感情を交流する場が必要である。
　　そこで本単元では，ビオトープづくりでの子どもの願いと現実との葛藤，自然観や価値観の相違に焦点を当てて授業を構想し，子どもの思考や感情がぶつかり合ったり受け止め合ったりするようにした。

(2) シェアリングによってねらいを達成するために工夫したこと

　○ビオトープづくりへのこだわりやものの考え方にその子らしい生き方をとらえ，話し合いに位置づけていく。
　○話し合いを通して，生き方がかかわり合うなかでの心の揺れや，思わず立ち現れてくる感情をとらえ，全体に返していく。

3 指導の実際

　本単元は，子どもの手によるビオトープとして展開した。それぞれが生き物のすむ空間を夢見て場所を探し，そこに応じたビオトープをつくり始めた。しかし，生き物が死んだり，環境に合わず逃げ出したり，外敵の侵入で食べられたりするなど，失敗と成功を繰り返しながら活動を進めてきた。そのなかで，自分の願いと現実との狭間で迷いや悩みを抱える子どもが見られた。

そこで，中庭に現れたヘビの処遇に悩むYさんの話を聞き，それぞれの願うビオトープのあり方や働きかけ方について話し合うことで，自分のビオトープづくりを振り返るとともに，自然の見方や考え方を深める姿を期待した。

❶Yさんの悩みに心を傾け，共有する

> 私はヘビを放そうか迷っている。放すとオタマジャクシが食べられてしまう。オタマジャクシは，私が池に入れたからかわいそう。ヘビを別の場所に逃がせばよいのか，すごく悩んでいる。

Yさんは，学校の中庭にヘビやカエルが住む環境をつくりたいと考えた。そこで，仲間と中庭に穴を掘ってカエル池を造り，たくさんのオタマジャクシを放した。その矢先に中庭に大きなヘビが現れ，学級の仲間が捕獲したのである。それを中庭に放すと，池のオタマジャクシが食べられてしまう。自然の掟は理解しつつも，自分が手を加えていくことの責任を感じているYさんであった。

授業の前半は，Yさんの悩みをじっくり聞き，彼女の思いや願い，悩みを受け止める時間をつくるようにした。

❷Yさんの感じ方や考え方を契機に，全体で話し合う

Yさんの話を聞き，ヘビの処遇を巡り，自分なりの根拠をもとに考えを出し合った。

|I君| かわいそうというのは，人間の都合，ビオトープにならない。ヘビがカエルを食べるように，食べて，食べてつながっている。

> もともといた所に放してやるのがヘビのためかなあ。

> ヘビを中庭に放すと……どうしよう。

> カエルが食べられるのも自然の掟！しかたないよ。

（食物連鎖の知識をもとにI君なりの自然観を語る。）

　[S君]　もともと中庭にいたんだから、いた場所に放してやればいい。（自然のままにしておくと考えるS君）

　[M君]　ヘビを放したら、人間がかまれるかもしれない。じっくり考えたほうがいい。（人間との共存を考えるM君）

　[Uさん]　私もどうすればよいか、わからない。食べられることや私たちの生活のことも考えなければ……。（Yさんに寄り添い、さまざまなことに折り合いをつけようとするUさん）

　子どもたちは、自分の考えをもとに発言した。教師は、それぞれの考えや根拠を板書に位置づけ、考えや立場の違いを明確にするようにした。

❸シェアリングを通して、自分の感じ方や考えを見つめていく

　子どものなかに池に放した魚をカラスから守るために案山子をつくったNさんがいた。

　彼女に対し、知識豊富なI君は、生き物が生きていくためには食べなくてはならないという自然の摂理を理路整然と語った。

> カラスは餌を食べている。追っ払うのはひどい。別に悪気があって食べているのではない。人間だって魚や鶏肉を食べている。

　そういうI君に対して、今度はNさんが詰め寄ってきた。

> そういうI君のビオトープにカラスが来たらどうするの!?

　自然の掟は理解できるが、自分のビオトープに住む魚に純粋に心を寄せているNさんは、思わず感情をあらわにしてきた。それに対してI

君は,「実際カラスが来たら対策するかもしれない」とつぶやいていた。

❹ シェアリングをもとにビオトープづくりの方向を決定していく

　自然の摂理を根拠に考えてきた I 君のなかにも矛盾や迷いがある。本時では，Y さんの悩みに共感しつつ，互いの自然観や活動に対する価値観を出し合った。理屈ではわかっているが感情で考えてしまう。そのなかで折り合いをつけ，納得できるビオトープへの働きかけ方を考えていた。このように子どもが大切にしているこだわりや自然観を大切にしながら，自己決定していく過程を見守り，助言していくことが必要である。

4　実践からわかったこと

(1)　子どもの変化

○友達の悩みの背景を受け止めながらシェアリングすることで，自分にある揺れや本音を出し合いながら，活動を振り返っていた。

○シェアリングを通して，食物連鎖や環境など，自然への見方や考え方を深めながら活動を決定しようとする子どもの姿が見られた。

(2)　教師の変化

○発言にかいま見える子どもの生き方をとらえながら聞いたり，板書に位置づけたりして，シェアリングを展開するようになった。

○心の揺れや思わず立ち現れる子どもの感情をとらえ，寄り添ったり全体に返したりするようになった。

(3)　今後の課題

　活動を通してその時々の子どもが，どんな世界を見つめ，何を感じながら自分らしく生きていこうとしているのかをとらえ，シェアリングを進めていくようにしたい。

（荒田　修一）

4　①シェアリング　ふれあいをもとに活動をつくるコツ

小学校　5年　国語
朗読をしよう―「大造じいさんとガン」―

👉ポイント　シェアリングによってねらいに迫る

○一人読み→グループ学習→全体学習の流れで学習を進めることで，自分の考えをもって友達と話し合い，登場人物の心情を読み取るようにする。
○自分の考えやグループの友達からの意見を書き込むワークシートを活用してシェアリング（分かち合い）を深める。
○一人一人の読みの良さをとらえ，観点を明確にしてシェアリングの場を設定することで読みを深める。

1　授業の概要

(1)　単元のねらい

○文章から読み取ったこと，自分なりに感じたことや考えたことをもとに朗読することができる。（関心・意欲・態度）
○学習課題に対して，自分の考えをすすんで話したり友達の考えを聞いたりすることができる。（話す・聞く能力）
○情景や登場人物の心情を，会話や心情表現，行動を表す文・語句に着目して読み，課題への自分の考えをもつことができる。（読む能力）
○表現の効果である技法に関心をもち，文を工夫して書く。（書く能力）

(2)　全体計画（本時6／12時間）

第1次（3時間）　全文を読み，学習課題をもとう
第2次（6時間）　叙述をもとに課題ごとに読み取ろう
第3次（3時間）　自分の好きな場面の朗読を工夫しよう

(3) 本時のねらい

「大造じいさんは,なぜ残雪を撃たなかったのか」を,大造じいさんや残雪の行動・様子などの叙述をもとに読み取ることができる。

(4) 本時の流れ

	学習活動	指導のコツ
導入 10分	1　前時の学習を想起し,本時の学習を確かめる。	・前時を想起させるための掲示物を準備する。本時の課題を全員で読み,学習課題への意識化を図る。
展開 25分	2　大造じいさんはなぜ残雪を撃たなかったのか,叙述をもとに話し合う。 ◇グループで互いに考えを出し合う。 ・残雪の頭領らしい堂々たる態度に感動したから。 ・正々堂々と戦いたかったから。 ◇全体で話し合う。 ・残雪の姿があまりにも立派で感動的だから,撃たなかったのだと思う。 ・大造じいさんの残雪への気持ちが変わり,ただの鳥に思えなくなった。	●自分の考えに自信をもってグループでの話し合いにかかわれるよう,日ごろから安心してかかわっている「生活グループ」で話し合う。 ●互いに自分の考えを伝え,承認の意見や感想を伝え合った後で気づきをワークシートに書き留める。 ●話し合いで自分の考えへの自信を深め,互いの相違に気づくようにする。
終末 10分	3　話し合いでの気づきを「国語日記」に書き,自分の考えを見直す。 ・友達の考えを聞いて,大造じいさんは残雪とまるで人間に接するような気持ちで戦っていたとわかったよ。	・「話し合いで考えが加わったこと・変化したこと」など,観点を明確に示す。 ・書けない子の思いを聞き取り助言する。

2 対話のある授業を進めるしかけ

(1) 指導者の気づきでシェアリングを深めるために考えたこと

　　本単元では，自分の考えに自信をもち，友達とかかわることを通して表現する楽しさを味わうようにしたい。このため，一人読みをもとにグループ学習を行ってから全体学習へと進むことにした。一人読みやグループ学習の中での一人一人の読みの良さを全体学習で取り上げ，かかわり合うことで読みを深めていくようにする。

(2) 指導者の気づきでシェアリングを深めるために工夫したこと

　　○ワークシートは，本文に自分の読みや友達の考えを書き加える形にする。机間指導での声かけやワークシートの朱書きでプラスのメッセージを伝えることで子どもが自分の読みに自信をもつようにする。
　　○グループ学習では，子どもが話した後に友達から意見や感想をもらうようにすることで，気づきや思いの深まりを実感させ，対話する楽し

さを味わうようにする。
○全体学習では「自分の考えを発表しよう」「見つけたことを発表しよう」「新たに気づいたこと，考えたことを発表しよう」という3つの観点で話し合いを進め，話し合いの焦点化を図る。
○毎時間の学習の終わりに「国語日記」を書く活動を取り入れ，授業の感想に加え，自分の考えの変化や友達の良さについて書くようにする。

3 指導の実際

❶自分の考えをもつ一人読み学習

自分の読みを書き込むことができるワークシート（右）を用い，叙述にそって一人読みする時間を十分にとった。

子どもたちは，考えの根拠となる文や言葉にマーカーを入れ，自分なりの解釈を書き込み，登場人物の様子や気持ちを読み深めていった。

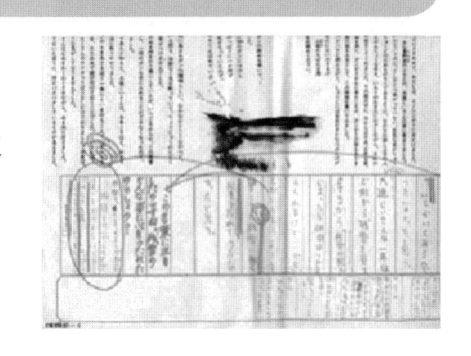

❷グループ学習での読みを全体学習に生かす

生活班を基盤とした少人数グループは，安心感があり，話しやすいメリットがある。そのなかで一人一人の発言の機会をきちんと確保することで，すすんで発言する子どもが増えると考えた。実際，グループで順番に発表し，自分の考えと比べながら聞くようにしたことで，友達の意見につけ足して発言する姿が多く見られた。また友達から自分では気づかなかった読みの良さを認められることで一人一人が読みの自信を深めていった。

指導者が，意見の違いや考えの良さをメモするように助言したことで，友達との相違に気づき，自分の考えを見直す姿も見られた。教師はグル

ープを回り，自分の考えを見直し，自信をもつようになった子どもを見つけて全体学習で取り上げるようにした。本時のねらいである「大造じいさんや残雪の行動・様子などの叙述をもとに読み取る」ために，グループ学習で子どもの読みや考えをつかみ，全体学習で意図的にかかわらせるようにした。

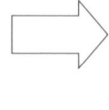

［グループ学習を行う子どもたち］　　［自信をもって挙手する子どもたち］

❸教師の気づきを活用して「読み」を深める

　ねらいに迫るためには，教師が子どもたちの読みや考えの深まりに気づき，全体に広げることが大切である。友達の考えと比べ，見直した子どもを意図的に取り上げるのである。ねらいを達成するために教師の気づきを活用することで読みを深めることができる。

　本時では教師が「おとりのガンを命がけで助けている残雪の姿に感動した」という子どもの意見を取り上げた。その感動した気持ちを聞くことで，「自分もそう思った」「○○さんは，そんなことに気がついたのか。なるほどなあ」「自分はそのことに気づかなかった」など，それぞれの読みを見直す機会となった。

❹分かち合い，考えを深めたことを認める

　教師は，ワークシートの子どもの記述から，友達との分かち合いで深まったことや気づいたことをつかむようにした。そして，そのことを認め，朱書きで良さを伝えるようにした。

全体の話し合いでは，分かち合い，考えを深めた子どもを取り上げ，ほめるようにした。このような教師の働きかけにより，子どもたちがグループでの話し合いは楽しいという充実感をもち，自分の読みや考えへの自信を高めることができた。

4　実践からわかったこと

(1)　子どもの変化
○生活グループで自分の読みを互いに話し合うことが子どもの安心感や自信につながり，全体学習で意欲的に発表する姿が見られた。
○グループで読みや考えを分かち合う楽しさを味わったことにより，友達の考えを意識し，すすんで発言する子どもが増えた。

(2)　教師の変化
○一人読み→グループ学習→全体学習と活動を重ねることで，より多くの子どもに発言の機会を保障し，話し合いを活性化することができた。他教科においても全体の話し合いの前に，ペアやグループでの活動を取り入れるようになった。
○ペアやグループでの話し合いをパターン化し，発言力のない子が表現しやすい場を配慮するようになった。

(3)　今後の課題
○自分の考えをわかりやすく伝えることができないと互いの考えを深め，見直すことはむずかしい。このため話し合いの観点をどのようにするかを工夫することが必要である。
○うまく話せない子どものために安心して活動できるグループづくりや話し合いの手順の工夫に取り組みたい。特に自分の考えや思いを分かち合うシェアリングの場面の設定の工夫に取り組む必要がある。

(村田　巳智子)

5 ②自己開示　いま，ここで感じたことを大切にするコツ

小学校　保護者会
保護者への働きかけ―校長が自分を開き，子どもの姿を伝える―

> ☞**ポイント　ねらいにそって指導者が適切な自己開示を行う**
> ○取組みを見て思ったこと，感じたことを伝えることで校長の話に引き込むようにする。
> ○校長が小学校時代の経験を自己開示することで，保護者との心の垣根を低くする。

1　取組みの概要

(1)　取組みのねらい

○校長が子どもの姿に感じたこと，気づいたことを機会あるごとに話すことで，保護者の聞く姿勢を高めることができる。（保護者との対話を大切にした自己開示）

○アイメッセージで保護者の体験と重なるように話すことで，校長の話への関心を高め，多くの保護者に伝わるようにする。（アイメッセージによる自己開示）

(2)　全体計画（1／15回）

入学式　1回　学校の方針と願いを伝える。
PTA総会（4月）　1回　学校と家庭の連携を図る。
運動会（5月）　1回　健全なる野生を育む。
住民運動会（6月）　1回　社会のマナーにふれる。
学習発表会（10月）　1回　観劇の態度の良さを親子で共有する。
就学時健康診断（10月）　1回　心身の健康づくりへ意識を向ける。
自治振興会総会（3月）　1回　地域で子どもたちを育てる。

保護者会役員会（年間）　8回　保護者の自己肯定感を高める。

（3）本時のねらい（就学時健康診断の際の話）

　学校と家庭の協力の大切さ，子どもとのかかわり方，学校の果たす役割について肯定的な関心を高める。

（4）本時の流れ

	学習活動	指導のコツ
導入7分	1　自己紹介として「小学校時代の思い出」を話す。 ※資料「校長の自己紹介」	・校長が自分の失敗談を自己開示することにより，保護者が子ども時代を思い出し，保護者と教師が支え合って子育てが進められることに気づく。
展開30分	2　わが子の良さを話すことができる。 ◇参加者同士であいさつ（握手）する。 ◇グループづくり（2人から4人組に）をする。 ◇わが子の好きなところを話し合う。 （エクササイズ） 参考：『エンカウンターで保護者会が変わる　小学校』p.52-53　図書文化	・デモンストレーションにより，あいさつや握手の抵抗を減らす。 ・ペアによるインタビューから，4人組での他己紹介を行う。 ・保護者が安心して自己開示できる話題を選ぶ。 ・ほかの子どもの保護者の話を聞き，わが子を肯定的にとらえる。
終末3分	3　話を聞く態度によって学校と家庭との協力が円滑に進むことを伝える。	・負担とならないかかわり方で協力し合っていこうというメッセージを伝える。

※資料「校長の自己紹介」小学校時代の失敗（一部略）

　わたしが小学校5年のとき，帰りの会の前あたりから腹の調子が悪くなりました。当時，大便所に入るのは格好悪いことだったので早く家に帰りたかったのですが，先生は教室に戻ってきません。我慢できずにもらしてしまい，帰りの会の後，泣きながら家に帰りました。家では，母が風呂場で体を洗ってくれました。
　次の日，学校に行くのは嫌でしたが，友達はだれも昨日のことにふれません。廊下に落ちていたうんちはだれかが始末したのでしょう。中学に行ってからもそのことでからかわれたりはしませんでした。きっと先生が「うんちをたれたことは言うなよ」と話してくださり，それを友達が守ってくれたのだと思います。
　最近までは，小学校時代の失敗として人に言えない恥ずかしい思い出でした。

第4章　対話のある授業をすすめるコツ（実践例）

けれどもいまでは，あたたかい気持ちに包まれて小学校時代を過ごさせてもらったことを感謝しています。子どもにとっての思いやりのある親と，失敗が許される学校はとても大きいものです。親と学校が信頼し，協力し合うことが子どもの元気のもとになっていくと思います。

2　対話のある授業（就学健康診断時）を進めるしかけ

(1)　学校行事における校長の自己開示のために考えたこと
○自己開示の内容が，家庭と学校が協力して教育を進めていくねらいにそっているかを吟味する。また，その話が「自分に正直か」「自分を守れるか」「場にふさわしいか」「人を傷つけないか」などに配慮した。
○校長の失敗談を聞くことによって，保護者は自分の小学校時代に親や教師が自分にしてくれたことを思い出す。自分が嫌だと感じていた思い出のなかにも親や教師が心を砕いてくれたことがあることに気づく。

(2)　学校行事における校長の自己開示のために工夫したこと
○目力，笑顔力を生かす。そのため，話す内容は暗唱し，原稿を見ないで保護者の目を見て話すようにする。
○保護者の前に立ったときには，静かになるまで待つ。非言語表現で，口を閉じて話を聞くことを伝える。静かになったら，感謝の言葉を述べ話し始める。3分間待っても静かにならない場合は，その事実を告げ，口を閉じてほしいことを話す。それでも静かにならなかった場合は，簡単に問題点を指摘するようにした。
○校長が小学校時代の失敗談を話すことにより，保護者が小学校時代に親や教師にしてもらったことを思い出すようにする。そして自己開示のモデルとなるようにする。※資料参照
○デモンストレーションの後，お互いに握手して，自己紹介から，2人組になっての「インタビュー」，4人組になっての他己紹介により，初対面の話しづらさを軽減させるようにする。

○「わが子の好きなところ」を話し合うことにより，互いの子どものがんばりやよい姿に気づく。
○4人組で感じたこと，気づいたことを話し合うことで，ほかの保護者との思いを共有し，新1年生の保護者としての連帯感，所属感を高める。

3　年間を通しての指導の実際

❶保護者に，話を聞く姿勢を見直してもらう

　前年の卒業式で，保護者の私語の多さが問題になっていた。話を聞く姿勢を保護者につくることが必要だと考えた。

　入学式当日，会場に入る前に教頭が保護者に私語しないようにお願いした。校長は，私語が見られた場合どのように話すかを決めて式に臨むようにした。実際には，静かで和やかな雰囲気で式を終えることができた。

　住民運動会では，子どもたちが主催者，来賓のあいさつを聞かずに私語している姿が見られた。来賓としてのあいさつのなかで，「口を閉じましょう」と呼びかけたが，数名の5年女子が指示を聞かなかった。その後の会合で，子どもの聞く態度を育てることを保護者に提案した。

　式や集会では，教師が開始前に子どもたちに注意を促すようにした。式や集会で，私語，よそ見など集中していない場合は，静かになるまで壇上で待っていた。ポケットに手を入れている子どもがいると，その子の目を見て，手をポケットから出すジェスチャーをした。繰り返すことによって，私語はなくなり，話を聞く態度が育ってきた。

　話のなかでは，子どもたちの活動を認め，励ますようにした。「できますか」といった問いかけを入れ，返事が返ってきたら，うれしい気持ちを笑顔で返した。

　雪の降る12月の終業式では，壇上から，手やももをさすって体熱を上げる活動を行った。体を動かしたり，話を聞いたりする活動が落ち着い

た態度でできるようになった。このような子どもの変化を保護者に伝えたり，見てもらうことで，保護者の聞くマナーも高まっていった。

❷**子どもたちの取組みで感じたこと，気づいたことを伝える**

「ふわふわ言葉とあいさつで，心あったか明るい○○っ子」。児童会が中心になって，子どもたちが決めた年間スローガンである。あたたかく，お互いに認め合える雰囲気をつくり上げていこうという意気込みが感じられる。児童会があいさつ運動やあいさつシール，あいさつグラフなどに取り組んでいることをいろいろな機会に取り上げ，伝えるようにした。

よくないことについては，全校集会で子どもたちに内容を簡略に伝えた。校内の器物破損については，時間や場所，破損の状態を具体的に話し，申し出がないことの残念な気持ちを話した。子どもたちの自己肯定感を下げたまま集会を終えないように，日ごろのよい取組みについても話すようにした。この集会の後，子どものなかから「自分ではないかと思う」との申し出があった。

❸**保護者への依頼は簡潔を心がける**

保護者には，簡潔に伝えることを心がけ，結論は先に話し，具体例は子どもの姿とした。例えば，入学式では，1年生の指導は学習と生活のルールを身につけることを話した。学習のルールは，勉強に集中できるようにするために全校で同じように取り組む約束で，「聞くあお信号」として，「あ」は相手も見て，「お」は終わりまで聞くといったことである。生活のルールは，学校での生活が楽しく過ごせるように取り組む約束で，「早く寝ること」「朝ご飯を食べること」「学習の準備」である。

❹**教師のモデルで振り返りを深める**

教員には，振り返りを深めるモデルは教師であることを繰り返し伝えた。校内研修会で，エクササイズ「私はあなたが好きです。なぜならば」を行い，教師同士のふれあいや自己発見を体験して子どもへの接し方を見直すようにした。そして感じたことや気づいたことを伝えることが，

子どもの自己開示を促すことになることに気づいていった。月1回の校長室だよりでは，参考になるよい取組みを取り上げるようにした。

4　実践からわかったこと

(1)　保護者の変化
　　式典での私語は見られなくなり，校長の言葉に答礼する保護者も出てきた。PTAの会合では保護者が聞くべきときをわきまえ，口を閉じて聞くことが申し合わせ事項となった。PTA活動の企画や運営の話し合いでは積極的な発言が増え，活発な取組みが見られるようになった。

(2)　教師の変化
○教師が集会での子どものよい態度を取り上げ，認め励ますようになった。話を聞く態度を育てるよう働きかけ続けることで，学級生活でも聞く姿勢をほめるようになった。
○児童集会の終わりに，感想を取り上げる時間を設定し，感じたこと，気づいたことを分かち合うようになった。子どもたちが他学年の発表を聞いて，共感したり，自分の気持ちをあらためて感じたりすることで，集団への所属感を高めていった。

(3)　今後の課題
○校長の保護者に対する話は一方通行の話になりやすく，対話が成立しにくい。保護者の表情などの非言語的な表現やつぶやきなどをくみとるようにしたい。その場その場で臨機応変に対応し，ユーモアも交えて話をするようにしたい。
○保護者への働きかけは，年間を通して継続することが大切である。子どもが安心して考えを発表したり，活動したりできる学校にするために，子どもの良さや成長を伝え，保護者と対話する学校づくりを進めていきたい。

　　　　　　　　　　　　　　　　　　　　　　　　　　（森沢　勇）

6 ②自己開示　いま，ここで感じたことを大切にするコツ

中学校　1年　英語
三単現の表現を用いた他者紹介―さまざまな人物を紹介しよう―

☞ポイント　ねらいにそって指導者が適切な自己開示を行う

○教師が自己開示をして，一人一人の子どもとかかわりを深めることで，子どもとのあたたかい人間関係をつくる。
○子ども同士がふれあう機会を設け，思いや考えを大切にされる体験を増やすことで，話しやすい学級の雰囲気をつくる。

1　授業の概要

(1) 単元のねらい

○表情やジェスチャーなどを効果的に用いて，聞き手の興味や関心をひく紹介をしようとする。(コミュニケーションへの関心・意欲・態度)
○学習してきた多様な表現を使い，自分の思いや考えを織り交ぜた，内容豊かな人物紹介ができるようになる。(外国語表現の能力)
○人物紹介を聞いて，話されている内容から話し手の思いや考えを理解することができるようになる。(外国語理解の能力)

(2) 全体計画（本時1／3時間）

第1次　さまざまな人物を紹介しよう
第2次　紹介したい人物を選んで構想を練ろう
第3次　Show & Tell「自分のお気に入りの人物を紹介しよう」

(3) 本時のねらい

ペアやグループで思いや考えを伝え合い，わかり合うことの楽しさを味わう体験を通して，人物紹介活動への意欲を高める。

(4) 本時の流れ

	学習活動	指導のコツ
導入10分	1　教室内をまわり，教師や仲間とあいさつをし合い，相手にサインをもらう。 ・Hello, Hayato. How are you ? ・I'm great [sleepy]. That's good [bad]. ◇あいさつで一人一人とかかわる。 2　三人称・単数・現在形の表現について復習する。	●子どもの様子を見て，一人一人に応じた言葉かけを行う。 （例）元気のなさそうな子に You look sleepy. Are you OK ? ●時間内に必ず全員の子どもとかかわるようにする。
展開35分	3　たくさんの顔写真のなかからペアで紹介したい人物を選び，教師に紹介する。 ◇子どもと思いや考えを分かち合う。 ・This is my girl friend, Ayane. 　She likes Arashi very much. （例）Your girl friend ?　She is cute ! 　　　 Does she like Sakurai Sho ? 4　教室内をまわり，ほかのペアを見つけペアで選んだ人物を紹介し合う。 ◇子ども同士で思いや考えを分かち合う。	・教師が人物紹介を表情豊かに実演し，聞き手にとって楽しく興味がもてるような紹介を考えるよう意識づける。 ●子どもの思いや考えをくみとり，興味があることを伝える言葉かけを心がける。 ・子どもの自己開示のモデルとなる言葉かけを行う。 ・相手とうまくかかわっているペアを見つけ，励ましの言葉をかける。
終末5分	5　授業を振り返り，感じたことや気づいたことを振り返りシートに書く。 ◇振り返りシートを通して，一人一人とかかわる。	・授業で教師が感じた子どもの良さを伝える。授業後には振り返りシートに返事を添えて返却する。

2　対話のある授業を進めるしかけ

(1)　自己開示による子どもとのリレーション深化のために考えたこと

単元の導入である本時では，教師とのかかわりを通して，自己開示を行いやすい雰囲気づくりをしたいと考えた。子どもが無理なく表現活動に取り組めるように，授業では一人一人とかかわりをもち，思いや考えをていねいに受け止め返していくようにする。人と心を通わせることの楽しさを味わい，自己を表現する意欲につなげたいと考えた。

(2)　自己開示による子どもとのリレーション深化のために工夫したこと

○教師と子どもが思いや考えを分かち合う場面を設けて，人と心を通わせることの楽しさを味わえるようにする。
○教師とのふれあいで味わった楽しさをばねに，ほかの仲間ともふれあいを広げるようにする。

3　指導の実際

本単元では，三人称・単数・現在形の表現を用いて，自分のお気に入りの人物の紹介文を書き，顔写真を見せながら発表する「Show & Tell」という活動が設定されている。一方で，「人前で間違えるのが嫌だ」「自信がない」ということで，このような活動に抵抗を示す子どもが多くいる。周囲とのかかわりを意識し始める思春期の子どもにとって，人前で話すのは勇気がいることである。

しかし，彼らも親友の前では見違えて饒舌(じょうぜつ)になる。中学生が安心して話すためには，相手とのあたたかな人間関係（リレーション）が必要なのである。「自分の考えを聴いてくれる」「自分の思いをわかってくれる」という体験を積み重ねるなかで，子どもはあるがままの自己を開くようになる。そこで本時では，教師と子ども，子ども同士がふれあう場面を多く設定した。

❶あいさつは大切な心のふれあい

　英語の授業では，初めに英語であいさつをする。教師の"How are you？"という問いかけに，子どもはいっせいに"I'm fine."と答えるが，元気ではない子もたくさんいる。

　そこで，授業の始まりに一人一人の子どもとかかわる機会を設けた。授業の初めの2分間，子どもは相手を見つけてあいさつといまの気分を聞き合う。この際，教師も活動に参加し，子どもの表情や反応の様子を見て言葉かけを行うようにした。

　　I'm great！　→　That's great！I'm happy.
　　　　　　　　（それはよかったね。先生もうれしいよ。）
　　I'm sick.　→　That's bad. Are you OK？
　　　　　　　　（それは大変だね。大丈夫かい？）

　活動のなかで気にかかる子に声をかけ，状態を確認するようにした。この試みは，子どもとの関係を深め，個々の子どもの状態の見立てに有効であった。

❷教材を通して子どもと心のふれあいを楽しむ

　本時では，人物を紹介するペア活動を取り入れた。たくさんの顔写真から紹介したい人物を選び，その人物について紹介する内容を考える。準備ができたペアは教師を呼び，その人物を紹介する。その後，新しい顔写真を選び，新たな人物紹介に挑戦する。

　教師は，子どもが教材を通して表現した内的世界を受け止め，ともに楽しもうという姿勢で臨んだ。子どもは教師の気をひこうとして，創意工夫を生かした紹介をする。例えば，ある人物のことを「私のガールフレンドです。嵐が好きなんです」と英語で紹介してくる。その際，教師が子どもの思いをくんで，次のような自己開示を行った。

○子どもを受容する自己開示

　Oh, your girl friend？（えっ，君のガールフレンドなの!?）

　教師が驚きの表情を見せると，子どもは Yes, my girl friend. Do you like her？（そう，僕のガールフレンドです。いいでしょ？）などと聞いてくる。このように，教師が語りに込められた思いをくみ取り，言葉や表情で受け止めることで，子どもはさらに内容豊かな紹介を考え，対話を楽しむようになった。

○子どもと感情を共有する自己開示

　She is cute！（かわいいガールフレンドですね）

　子どもは笑顔を浮かべて Yes. I love her！（そう，愛しています）などと答えてくる。教師が感じたことや気づいたことを子どもに伝え返すことで，気持ちが共有され，子どもは自分の思いを素直に表現するようになった。

○子どもの思考を広げたり深めたりする自己開示

　Does she like Sakurai Sho？（彼女は櫻井翔くんのことは好きかな？）

　子どもは Yes. She likes Sakurai, but she loves me！（好きだけど，僕のことはもっと好きです）などと答えてくる。このように，教師が質問を投げかけることで，子どもは表現の幅をさらに広げていった。

❸教師とのふれあいを子どものふれあいにつなげる

　教師を相手にして，人と心を通わすことの楽しさを味わった後で，今度はペアで紹介に使った顔写真を持ち，ほかのペアに紹介する活動を行った。この段階になると，子どもたちは紙を見ずに自信をもって人物を紹介していた。また，教師の言葉をまねして，紹介する相手に対して感想（Cool！など）を言ったり，簡単な質問を投げかけたりする姿も見られた。

❹振り返りシートを用いたかかわり

　授業の終わりには，授業を振り返って感じたことや気づいたことを分かち合う時間を設けた。授業のまとめとして，振り返りシートに感じたことや気づいたことを書くようにした。教師は授業後にそのメッセージを読み，一人一人に返事を添えて返した。ふだんおとなしい子でも，たくさんの感想を書いていた。このメッセージは，人とかかわることが苦手な子どもとの心の交流手段となった。

4　実践からわかったこと

(1)　子どもの変化
○教師とのふれあいを通して，自分の思いや考えを大切にされる体験をすることで，自己を素直に表現するようになった。
○教師とのふれあいを楽しむ和やかな雰囲気のなかで，仲間とも積極的に本音でかかわろうとするようになった。

(2)　教師の変化
○子ども一人一人とかかわることで，表情や仕草などの微妙な変化から，その子の思いや考えを感じ取ることができるようになった。
○子どもと接する際の表情や言葉かけに意識が向くようになり，一人一人の特性に応じて，伝える内容や方法を工夫するようになった。

(3)　今後の課題
○子どもは教師の「ひいき」に敏感である。子ども一人一人の様子に目を配り，平等なかかわりを心がける必要がある。
○教師の自己開示を受け止めるのは子どもである。授業のねらいにそっており，他者を傷つけるものでないか，配慮が必要である。

　　　　　　　　　　　　　　　　　　　　　　　（永田　悟）

7　②自己開示　いま，ここで感じたことを大切にするコツ

> 中学校　適応指導教室
> 適応指導教室での実践—かかわりとふれあいを深める—

> 👉 **ポイント　自己開示を促進し，本音と本音の交流を図る**
> ○話をじっくり聞き，共感的に受け止めることで，子どもは自分の気持ちを語るようになる。
> ○指導員が自己開示したり，モデルを示したりすることで，子どもはかかわりとふれあいを深めていく。

1　適応指導教室に通うまで

　子どもたちが学校を完全に休んでしまうようになると，家族は登校刺激をしなくなる。子どもたちは睡眠を十分とり，自宅で自分の好きなことをしながら落ち着いて生活するようになる。多くの場合，しばらくすると次第にエネルギーが蓄積されて身体的に元気になり，そのまま家のなかにとどまっていることが退屈になる。また，少しずつ勉強の遅れが気になりだしてくる。かといって学校へ行く気にはなれない。この時期になると子どもは自らインターネットで調べたり，担任やスクールカウンセラーから紹介されたりして適応指導教室の存在を知る。興味を抱いた子どもは適応指導教室を見学に訪れる。

　インテーク面接や，体験通級を経て通級許可が出ると本通級となり，毎日午前9時から午後3時ごろまでの通級が可能になる。それまで家に閉じこもりきりだった子どもたちは，おそるおそる適応指導教室に通い始める。

2　適応指導教室での実践

(1)　心の声を聴くために待つ

　適応指導教室では，子どもに寄り添い，子どもの自己開示を待つことに重点を置いている。子どもが安心して自己を語ることができるようにまず指導員が自己を語り，自己開示のモデルを示すようにしている。また子どもが構成的グループエンカウンター（以下，SGE）の体験を通して指導員とのリレーションを深めていけるようにしている。

❶朝の会でのかかわり

　朝の会では，健康観察後，リレーションづくりにゲーム（UNOやトランプ，積み木くずし，サイコロトーク等）を取り入れて，リラックスしたなかで会話するようにしている。

　ゲームをしながら，指導員が前日あったことや失敗したこと，うれしかったこと，昨夜見たTV番組等を語る。いくつか話すうちに，子どもは，うなずいたり，相づちを打ったり，クスッと笑ったりして，興味を示し始める。「○○ちゃんはどう？」「昨日は何していた？」「何のTV見た？」「どう思う？」と水を向けると，ぽつりぽつりと自分のことを話すようになってくる。

❷感情を言葉にする

　隔週1回程度，学生ボランティアやカウンセラーを交えて（なるべく大人数で）SGEを行っている。

　よく行うエクササイズは，「あなたはどっち」（二者択一）である。「10項目のそれぞれについて，対照的な選択肢のうちのどちらか一方を選び，どちらを選んだかや選んだ理由を順番に簡単に述べ合う」というものである。同じ選択肢を選んだ人がいると，どの子もホッと安心するようである。しかし，理由は人によって違いがあり，いろいろな見方や考え方，感じ方があることに気づくことができる。最後のシェアリング（分かち

合い）は，どのような内容も批判や否定することはしない約束で行っている。自分の気づいたこと，感じたことがすべて認められるなかで，感情を言葉にすることが少しずつできるようになる。さらに指導員や学生ボランティアがすすんで自己開示することによって，自分のことを語りやすい雰囲気をつくるようにしている。

(2) 自信をもたせるために

　子どもが自分を信じ，自分の足で歩きだすことができるようになるためには，「うまくいかない」「思いどおりにいかない」自分を認めつつ，「でも大丈夫」と言える強さをもつことが必要である。経験に裏打ちされた自信によって「大丈夫」と言えるようになるのである。

自己開示のモデルを示す

　したくない，すぐにあきらめるという気持ちのために勉強が続かず継続性に欠ける子どもに，指導員が中学校時代に英語の学習でつまずいたことを話した。be 動詞すらわからない劣等生で，中1の2学期末テストでついにクラスの平均点以下をとってしまった。冬休みに一念発起し，集中的に学習した。3学期末テストでは96点をとり，みんなの前でほめられた。指導員が自分を開き，自分をさらけだすことによって，子どもは自分がうまく続けられない悩みを話すようになる。

　基礎的な学力をつけるためには，ある程度の辛抱が必要であることを話した。「漢字を1日3個練習すれば，10日で30個の漢字が練習できる。やらなければ10日たっても0は0のままだね。一緒にやってみない？」と働きかけた。簡単な計算ドリルを，「1日1ページでもやると，10日で10ページ。1か月たつと，1冊終わるね。やらないと10日たっても0のままだね。今日からやってみない？」と声をかけた。すると，渋々ながら取りかかった。その日は，決めた量で切り上げ，取りかかった事実を大いにほめた。3日目くらいになると，漢字3個やドリル1ページでは物足りなくなり，自分から増量を申し出るようになった。

学習に気がのらなかった子どもが，真剣な面持ちで取り組み始める姿には，いつも感動する。たとえ1日5分でも「辛抱できたこと，努力したこと」を心からほめ，うれしい気持ちを自己開示して伝えるようにしている。

　1か月くらいたつと，子どもは「自分もできる」という実感をもち，顔つきが変わってくる。集中して真剣に「本気」で取り組むことで，顔が引き締まってくるように感じる。学習のほかにも，陶芸やそば打ち，調理実習などさまざまな体験活動を取り入れ，子どもを「本気」にさせる活動を進めていく。このように子どもは，本気で取り組み，やり遂げる経験をし，それを周りが認めることで育つのである。

(3) かかわりとふれあいのある授業を進める

　前記のような個人学習の習慣がついたころに，一歩進めて教科書を使った学習支援に入る。

　長い間，学校の授業から離れていた子どもは，授業形式での学習支援を望む者と，自分ひとりで黙々と学習したい者に分かれる。しかし，多くの場合，ほかの子どもが指導員と黒板を使って授業形式で対話をしながら行っている学習の様子を見ると興味を抱き，参加を希望するようになる。学習内容が異なっていても，授業を受けたいと意思表示してくる子どもが多い。

　彼らはかかわりを求めて適応指導教室へ来ている。学習支援においても，人とのかかわり＝心のふれあい（安心できる，認められる喜びを味わえる）を実感できるようにすることが大切なのである。

授業の様子（算数，数学の例）

　問題を解くにあたり，問題は必ず3回読ませる。「正確に読んだ」「問題の内容をとらえながら読んだ」「数字に気をつけて読んだ」等，よかったところを見つけ，ほめる。

　数字，キーワード，問題の意図を確認した後，例題を指導員と一緒に

解く。そのときに,「○○を代入して○○となります。よって答えは,○○となります。いいですか」のように説明の仕方のモデルを指導員がしてみせるようにする。

次に子どもに黒板で問題を解かせ,説明をさせる。「用語を適切に使って説明できた」「自分なりの工夫をして解くことができた」「以前学習したことを応用して解いた」などよかった点をフィードバックする。きちんと理解したことを確認するために,ノートでもう一度解かせるようにしている。

(4) 教師や友達モデルによる自己開示促進のために工夫していること

適応指導教室の子どもは学校復帰に向けて動き出している。そのエネルギーを高めるのは自己開示ではないかと考えている。適応指導教室での自己開示を促進するために,以下のことに取り組んでいる。
○スキルを教えるときには,指導員がモデルとなってやってみせる。
○毎日必ず一度は音読を取り入れ,よい点を認める。
○隣の子どもと答えを確認したり,わからないときに相談したりする時間をとる。
○「わからない」と気軽に言える教室の雰囲気づくりをする。

3 実践からわかったこと

(1) 子どもの変化

○指導員やほかの子どもの自己開示を聞いたり,SGEや日々の活動のなかで,本音で語ることを繰り返したりすることで,自分のつらかった事象に正面から向き合えるようになり,自分の抱えていた負の感情を話せるようになった。
○本音を受け入れてもらう経験を繰り返すことで自分に自信がもてるようになった。また,自分とは違う感じ方や価値観を知り,視野を広げ

ていった。
○生活態度が生き生きとしてきて，学習意欲が高まり，適応指導教室へ毎日楽しみに通うようになった。
○将来の夢や希望を語るようになり，学校復帰を果たした。中学3年生は，進路を自分で決め，受験という目標に向かって努力を続け，合格を自分の手でつかむことができた。

(2) 指導員の変化

○謙虚に子どもの話を聞き，子どものつらさや，悲しみを共感的に受け止め，自分の気持ちを自己開示できるようになった。
○カウンセリングのさまざまな手法を少しずつ使えるようになってきた。最近では，適応指導教室の活動そのものがSGEなのではないかと思っている。

(3) 今後の課題

○適応指導教室は少人数なので，子ども同士の交流の場が少ない。少ない人数でも効果の上がるSGEの仕方を工夫する必要がある。
○学校復帰を促進するために，学校生活スキルを向上させる手だてを考える必要がある。

(水畑　久美子)

8 ②自己開示　いま，ここで感じたことを大切にするコツ

小学校　6年　道徳
きまりを守る―公徳心・規則尊重・権利義務―

👉ポイント　自己開示を促進し，本音と本音の交流を図る

○ねらいや進め方をわかりやすく指示し，ペアやグループでの話し合いを取り入れることで，安心して自分と向き合えるようにする。
○教師がきまりを守れずに苦しんだ体験談を話すことで，子どもたちが自分の心の弱い部分を話しやすい雰囲気をつくる。

1　授業の概要

(1)　本時のねらい

「わかっているけど」「少しだけなら」ときまりを守らないために起こる問題に気づき，公徳心をもって法やきまりを守ろうとする態度を養う。

(2)　ほかとの関連

総合的な学習の時間 『広げよう自分にできること』 ○身近な地域にかかわる問題について考え，自分から地域に働きかけることができる。	社会 『身近な暮らしと政治』 ○政治は国民生活の安定と向上を図るために大切な働きをしていることを理解する。
道徳 『図書館員のなやみ』 ○公徳心をもって法やきまりを守り，自他の権利を大切にし，すすんで義務を果たそうとする態度を養う。	学校生活 ○最高学年として友達や学級，学校のためにできることを見つけ，よりよい学校生活を送ろうとすることができる。

(3) 本時の流れ

	学習活動	指導のコツ
導入5分	1　自分たちの生活のなかのルールやマナーについて想起する。	・ねらいに関連する具体的な生活場面を想起させることで，授業への参加意欲を高める。
展開25分	2　資料『図書館員のなやみ』（文溪堂）を読んで話し合う。 本を守りながら，利用しやすくするにはどうすればよいか。 ◇グループで話し合う。 ・本を棚に戻す。・手続きをする。 ◇全体で話し合う。 ・雑誌を読みやすいので棚に戻して自由に閲覧するようにしたほうがよい。 ・問題はなくならないと思うので手続きしてから読むようにしたい。 ・自分もやってしまうかもしれない。	・破損した本の写真を掲示し，公共物を大切に扱わない人への怒りや対策について関心を高める。 ●ネームプレートで立場を黒板に掲示し，自分の考えの根拠を話すようにする。 ・気持ちよく図書館を使ってもらうためにどうすればよいか，きまりづくりの観点から話し合いを深める。
終末15分	3　いままでの生活を振り返って考える。 ◇ペアで話し合う。 ・高学年の体育館の使用日でない日に，空いているスペースを使った。自分のことしか考えていなかったなあ。 ◇全体で話し合う。 4　学習を振り返って，感じていることを書く。	●教師が自分の都合とルールやマナーの間で葛藤した経験を話し，自分の弱い気持ちを振り返る雰囲気をつくる。 ●「私は……と思う」と気持ちを語っている発言をほめることで感じたことを引き出すようにする。

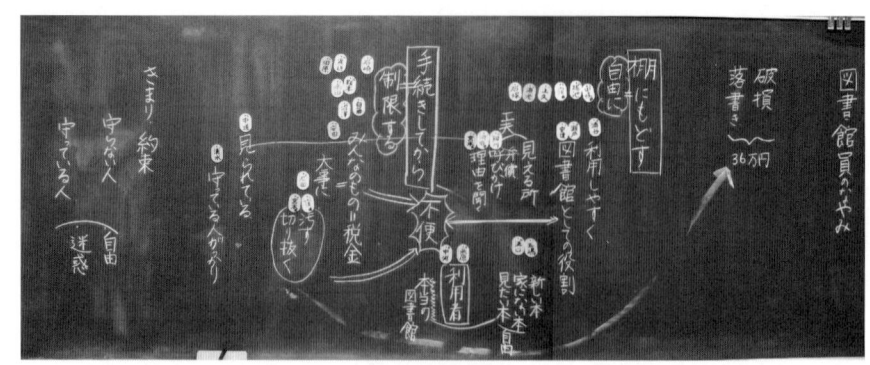

第4章　対話のある授業をすすめるコツ(実践例)

［本時の板書］

2　対話のある授業を進めるしかけ

(1)　安心して自己開示できる環境や雰囲気の醸成のために考えたこと

　　子どもたちは，自分の都合とルールやマナーとの間で迷った経験は多々ある。けれども自分がルールやマナーを守れなかった経験を話すことには抵抗があることが予想された。

　　そこで子どもが自分を振り返る授業の終末の場面では，教師が自分の都合とマナーの間で葛藤し，守れなかった体験を自己開示する。教師が自分を語ることで自己開示する雰囲気を高め，本音の交流ができるようにする。

(2)　安心して自己開示できる環境や雰囲気の醸成のために工夫したこと

○ペアやグループの話し合いでは，順番や話し方，聞き方をわかりやすく示すことで，安心して自分を語ることができるようにする。

○全体での話し合いでは，ネームプレートで各自の立場を黒板に掲示し，互いの考えの根拠を話すようにする。

○教師がうまくできなかった経験を話すことで，わかっていてもできない心の弱い部分を振り返るようにする。

3 指導の実際

　ルールやマナーは守るものであることはわかっていても実際に行動に移せなかったり，自分の都合を優先させてしまったりする経験はだれにでもある。生活をより快適にするために，ルールやマナーが作られていることを考えさせ，これからの生活に生かしていく気持ちを高めたい。

　授業では利用者の自己中心的な行為によって悩んでいる図書館員の立場を考えるようにした。「本を棚に戻す」「手続きをする」の２つの立場に分かれて話し合うことで，ルールやマナーを守る意味についていろいろな意見が出た。

　また，教師のうまくできなかった経験を聞いてからペアやグループで話し合うことで，易きに流れ，ルールを守ることができない心の弱さも振り返っていた。それぞれが考えたことを全体で分かち合うことで，だれでも弱い心をもっていることに気づき，弱い心に負けないできまりを守って生活していこうとする意欲が高まった。

❶立場をはっきりさせて話し合う

　資料についての話し合いでは，悩んでいる図書館員の立場に立って考えることで，自分本位な行為が人に迷惑をかけていることに気づかせたいと考えた。本を大切にし，利用しやすくするために「棚に戻す」「手続きをしてから貸す」の２つの立場を示し，発言をネームプレートで黒板に位置づけた。「マナーの悪い人のせいで，ほかの利用者が不便を感じるのはおかしい」「本を守るためには仕方がない」など，根拠を明らかにして話し合った。「○○さんは～と言っているけど，私は～と思う」「○○さんと方法は違うけど，みんなのことを考

えているところは一緒だった」など，友達との違いを意識した発言を取り上げるようにした。このように話し合いを進めることで，自分の都合を優先する行為が全体に迷惑を及ぼしていることに気づいていった。

❷全体の前にグループで話し合う

　図書館員の悩みを考える場面では，全体の話し合いの前に4〜5人グループで話し合った。話し合いでは，自分の意見を述べた後に「私と同じ考えの人はいますか」「私の考えについてどう思いますか」と友達に問いかけるように指示した。友達の反応を知ることで「同じ考えで安心した」「自分と違う立場だけど，そんな考え方もあると感じた」など，思いや考えを深めていった。考え方だけではなく，心情についての発言もあり，グループで話し合うことで活発なかかわりが生まれた。

❸自己を振り返るモデルは教師

　道徳の時間の終末では，教師自身の葛藤した経験を語ることで，子どもが自分を振り返るモデルとなるようにしたい。本時では，終末の始めに，「雨の日にショッピングセンターの障害者用駐車スペースを使い，濡れなかったけれど後ろめたい気持ちが残った」という担任の経験を話した。そして後から恥ずかしくなり，いつまでも嫌な気持ちが残っているという後悔の気持ちを話した。

　教師が自分の失敗や弱いところを自己開示することによって，「先生も，そんなことがあるのか」「自分もあるかもしれない」など，自分と真剣に向き合おうとする雰囲気を高めることができた。

❹安心して自分と向き合う環境をつくる

　授業の終末では，振り返ったことをペアで話す時間を設けた。全体では，自分の弱さをさらけ出すことにためらいがある子どもでも，ペアでなら話すことができると考えた。そして，話す順序や時間，相手の話を聞いた後「よく話してくれて，ありがとう」「あなたの話を聞いて，私は〜と思った」などの言葉かけを指示した。

最後の振り返りカードには,「○○さんが,私のことをわかってくれた気がした」「ずるかった自分の話をしたとき,○○さんが,『ぼくもそうしていたかも』と言ってくれた。だれにでもずるいところはあるけど,それに勝っていきたいと思った」など分かち合えた喜びや実践への意欲を書いているものが多くあった。このように相手に対する言葉かけを指示してペアの活動を行うことで,子どもは安心して自分を開き,自分を語っていた。

4　実践からわかったこと

(1)　子どもの変化
○話し合いの方法を指示してペアやグループで話し合うようにしたことが子どもの安心感につながり,意欲的に活動していた。
○教師が自分の体験談を話すようにしたことで,自分を飾らず,弱い部分も話そうとする子どもが増えた。

(2)　教師の変化
○ペアやグループの話し合いを取り入れるときに,ねらいに合わせて内容や進め方を吟味するようになった。
○教師自身の感情や行動を隠さず子どもたちに話をするようになり,子どもと共に伸びようという姿勢で授業に臨むようになった。

(3)　今後の課題
○資料によっては,AかBかの立場をはっきりと決めることができないものも多い。その場合に子どもの考えを引き出すための話し合いの方法を工夫していく必要がある。
○自分を振り返ることがむずかしい子どもには,具体的な指示をして援助したり,映像資料を示して考えさせたりする配慮が必要である。

（高田　公美）

9　②自己開示　いま，ここで感じたことを大切にするコツ

> 肢体不自由特別支援学校（高等部）　1～3年　音楽
> モノオペラをつくろう―歌詞をもとに自分の演出で，歌い振りつけよう―

👉ポイント　自己開示を促進し，本音と本音の交流を図る

○高校生は，音楽の授業で自己表現を躊躇する傾向がある。教師が率先して参考演技（＝自己開示）をすることで，自己表現できるようにする。
○障がいのある生徒は大多数の障がいのない生徒たちに押されて，自己開示の経験が少ない。失敗が許されるなかで互いを認め合う活動を行うことで，自己開示する自信と意欲を高める。

1　授業の概要

(1)　単元のねらい

○歌詞の内容を考え，自分の思いを伝えるために必要な表現（歌唱・演技）方法を工夫する。（芸術的な感受や表現の工夫）
○友達や自分自身の表現（歌唱・演技）についての感想を発表することができる。（鑑賞の能力）

(2)　全体計画（本時6／8時間）

第1次（2時間）　曲『待ちぼうけ』を知ろう
第2次（3時間）　曲の歌詞に合わせた歌い方を考えよう(*1)
第3次（3時間）　曲の歌詞に合わせたモノオペラを考えよう(*2)

(3)　本時のねらい

○曲の歌詞に合わせた歌い方を工夫し，自分の考えた演技プランにもとづいて発表する。
○友達のモノオペラの演技のよいところを見つけ，認め合う。

(4) 本時の流れ

	学習活動	指導のコツ
導入 5分	1 歌いながら，教師の参考演技を見て，前時を振り返る。	・麦わら帽子，タオル，鍬，長椅子，切り株（紙製），畑（ダンボール），ウサギ（人形）などの具体物を用意する。
展開 35分	2 自分の考えた演出で，歌や演技をしよう！ ◇歌詞を書いたワークシート「演出メモ」に歌い方や振りつけを書く。 ◇第１回発表 ・「○○のところを□□にして工夫してみました」と自分の演出の工夫を言ってから発表する。 ・観ている生徒は一緒に曲を歌い，発表者の演出や工夫でよかったと思うところを発表する。	●「何を」「いつまでに」行うのかを伝え，授業の見通しをもたせる。 ●机間巡視で全員のメモに目を通し，「□□の考えはいいなぁ」と具体的にほめる。 ●発表生徒の工夫した演出や，観ている生徒の気づきや感想をほめる。 ●自分と比べて発言するように促し，互いの意見がかかわり合うようにする。
終末 5分	3 学習を振り返って思ったことをノートに書く。 ・自分のがんばったところやほかの生徒のよかったところを中心に書く。	・個別に声をかけ，生徒が思いを書けるように支援する。 ・工夫した演出の具体と結びつけて声かけをすることで自分のがんばりを実感させる。

*1 　北原白秋作詞，山田耕筰作曲の唱歌（童謡）
*2 　モノオペラ［mono opera］とは「登場人物が１人だけのオペラ」のこと。ステージ上の出演者は１人だが，伴奏や演出等で出演者以外の参加者は当然ある。

2 対話のある授業を進めるしかけ

(1) 安心して自己開示できる環境や雰囲気の醸成のために考えたこと

　特別支援学校肢体不自由教育部門高等部では，大学等への進学を考えている生徒だけでなく重度の知的障がいをあわせもつ生徒もおり，教育課程に五つの類型を設けている。そのため，類型に合わせ，少人数での授業が多くなる。このため，他者とかかわり合う「対話のある授業」を意図的につくっていく必要がある。

　音楽は，主として聴覚活用による"時間芸術"であるが，映画や舞台などのように"総合芸術化"することで，幅広い表現方法での発信や受信を経験することができると考えた。

(2) 安心して自己開示できる環境や雰囲気の醸成のために工夫したこと

○ストーリー性のある題材で，適度な時間の曲を選ぶ。
○同じ曲，同じ道具を使うことで，歌や顔の表情，身振り，道具の使い方などの工夫の違いをわかりやすくする。
○教師の最初の参考演技で，歌詞の内容を確認する。自ら歌詞を忘れて，生徒に助けてもらうなどの"演技"を取り入れる。
○発表した生徒（発信者）の演技や演出，見聴きした生徒（受信者）の気づきの良さを取り上げ，全体で楽しさを味わうようにする。生徒が気づかないことは，教師が認め評価するようにする。

3 指導の実際

　本題材で取り上げた『待ちぼうけ』は，「百姓の畑の隅に切り株があり，ある日そこにうさぎがぶつかって死んだ。獲物を持ち帰ってごちそうを食べた百姓は，それに味をしめ，次の日からは鍬を捨て，またうさぎが来ないかと待っていたが，二度と来なかった。そのために作物は実らず，百姓

は食べるものもなく，寒い北風に吹かれてしまう」という内容である。ストーリー性があり，わかりやすく，動作表現がしやすい曲である。

　授業を受ける生徒が5人と少ないため，全員が百姓役になり，1人で演じる「モノオペラ」方式とした。同じ道具を使っての演出や演技は，似かよったものになりやすいため，まず演出プランを考えるようにした。そして，プランに基づく歌・演技のよかったところを話し合った。

　2回目以降は，ほかの人とは違う演出・演技またはパフォーマンスに注目するようにした。このことで，オリジナルな発表に取り組むようになり，互いの良さを認め合うことができた。

❶自己開示できる環境を整える

　フィードバックしてくれる相手がいるからこそ，自己理解が深まる。友達のフィードバックが新たな気づきを生み，行動の意欲につながる。高校生が，音楽の授業で自己表現を躊躇するのは，思いきって自己開示したいけれども否定されたり，失敗したりすることを恐れるからである。

　そこで，「発表したことを否定されない」「受け入れてもらえる」ようにするためにルールを設けた。みんなで発表したことを認める，友達の「よかったと思うところ」を見つけることを約束した。教師自身がモデルとなり，意図的に"失敗"したり，オーバーでユーモラスな演技を行い，生徒が自己開示しやすい雰囲気づくりに努めた。

❷「真似」を認める言葉かけ

　演出や演技を結果的に真似してしまう場合がある。しかし，それは他者の演出・演技を見てしっかり理解したことにほかならない。生徒のなかから「真似ている」という声があがっても，「○○さんの演技がよくて参考にしたんだね」と答えるようにし，真似た演技についてもあたたかい言葉かけをするようにした。

　「真似をしてもいい」というなかで，生徒はのびのびと自分の演技の工夫に取り組んでいた。そして自分のオリジナリティを出すようにがん

ばる姿を見ることができた。

❸グループ（班）では，いろいろな役で！

　障がいのある生徒が幅広い表現方法で発信や受信をするためには，「自己開示できる環境を整える」ことが大切である。本時では授業を受ける生徒が5人と少ないため，1人で演じる「モノオペラ」という形をとった。「同じ道具しか使えない」という条件で，役の分担や歌，表現，演出の工夫をするようにした。

　実際の発表では，2人の百姓で「アリとキリギリス」のように同時進行で比較できる演出があったり，リコーダーで風の擬音を工夫したりするなど，多くのアイデアが出た。"総合芸術化"することで，音楽が苦手な生徒が生き生きと活躍する姿を見ることができた。

4　実践からわかったこと

(1)　子どもの変化

○安心して自己開示できる環境のなかで，苦手なことや恥ずかしいことにもチャレンジし，意欲的に活動するようになった。
○演技を見て感想や意見の話し合いをもつことで，演出や演技を工夫するようになった。

　最後の第3回発表では，初回に比べ実に自己表現が豊かになった。次の写真は，同じ場面の2人の生徒の演出・演技の様子である。

	Aさん	Bさん
【百姓姿】 Aさん，Bさん，ともに，麦わら帽子・タオルの位置や使い方に工夫をしている。		
【待ちぼうけ】 Aさん：麦わら帽子などをはずし，退屈そうな表情で椅子の上で待つ。 Bさん：切り株に近づきうずくまって，頬杖をついて待つ。		
【寒い北風～】 Aさん：両手を擦り合わせ，身をかがめる。 Bさん：体をこすって震え，全身でアピール。		

(2) 教師の変化

○生徒の自己開示を促すために，教師が意図的に話さない（口パクやパントマイム等）ようにするなど，生徒からの発信を"待つ"ことができるようになった。

○生徒が発するサインや表情を見逃さないように，生徒の言動をしっかり見ることを心がけるようになった。

(3) 今後の課題

○すべての生徒が，授業のなかのどこかで輝くように，選曲・アレンジ・授業構成などの教材研究を工夫することが必要である。

○ただほめればよいのではない。評価規準とも関連させ，何についてどのように認め，評価するかを工夫したい。また知的障がいをあわせもつ生徒でも理解できるように障がい特性に応じた支援を工夫したい。

(池田　陽一)

10 ③活動展開　子どもを引きつけ，活動意欲を高めるコツ

> 小学校　3年　国語
> 細かい点に注意して読み，考えをまとめよう―説明文「冬眠する動物たち」―

☞ポイント　動機づけを行い，活動意欲が高まるようにする

○学習を通してわかったことや調べたことをクイズ形式や説明形式で発表する「冬眠学習発表会」を行い，課題意識をもって楽しく学べるようにする。
○毎時間の終末に，友達相互にがんばりを認め合う「今日のキラリさん見つけ」の場を設ける。

1　授業の概要

(1)　単元のねらい

○段落の関係に注意しながら読んだり，動物たちの体の仕組みについて引用したり要約したりしようとする。（関心・意欲・態度）
○動物たちが厳しい冬を乗り切るための体の仕組みについて，わかったことを書きまとめることができる。（書く能力）
○文章の要点や細かい点・段落相互の関係に注意して，引用したり要約したりしながら，表や図にまとめることができる。（読む能力）

(2)　全体計画（本時9／9時間）

　第1次（2時間）　段落を分け，大まかな冬眠の仕方の違いを確かめる
　第2次（4時間）　種類ごとの冬眠の仕方と段落の関係をまとめる
　第3次（3時間）　動物たちの生きるための知恵についてまとめる

(3)　本時のねらい

　冬眠する動物についてわかったことや調べたことを発表することで，動物の生きる知恵についての友達の考えを知る。

(4) 本時の流れ

	学習活動	指導のコツ
導入 5分	1 「冬眠学習発表会」のめあてを確認する。 ・相手にわかるように伝えよう。 ・友達の発表を集中して聞き，がんばりを見つけよう。	・友達のがんばりに目を向けるために，発表の感想やよかったことをメモするように助言する。
展開 35分	2 各自がまとめたことをクイズ形式や説明形式で発表する。 ◇1人ずつ発表する。 ・冬眠中のシマリスの巣はどうなっているのか知っている？ ・冬眠しないクマもいるよ。 ◇友達の発表にコメントする。 ・シマリスは，巣のなかをトイレや寝室に分けて快適にしているんだね。 ・クマはみんな冬眠すると思っていたけど，しないクマもいるんだね。 ・教科書に書いていないことまで調べてすごいね。	●どの発表にもフィードバックがあるようにするため，初めに発表者の隣の子が感想を言う約束で進める。 ●発表者へのコメントは付せん紙に書いて渡すようにする。 ●動物たちの生きる知恵について発表した子どもと感想を話した子どものそれぞれのよいところを見つけ，ほめるようにする。
終末 5分	3 学習を振り返って思ったことをグループで話し合う。 ・クマのことがよくわかったよ。 ・発表を聞いてもっとシマリスのことが知りたくなったな。 ・発表を友達から認めてもらってうれしいな。がんばったかいがあったよ。	・グループで良さを伝え合うことで，学習の成果を実感できるようにする。 ・付せん紙のコメントを交換し，友達からの評価でさらに達成感を味わうことができるようにする。

[本時の子どもたちの様子]

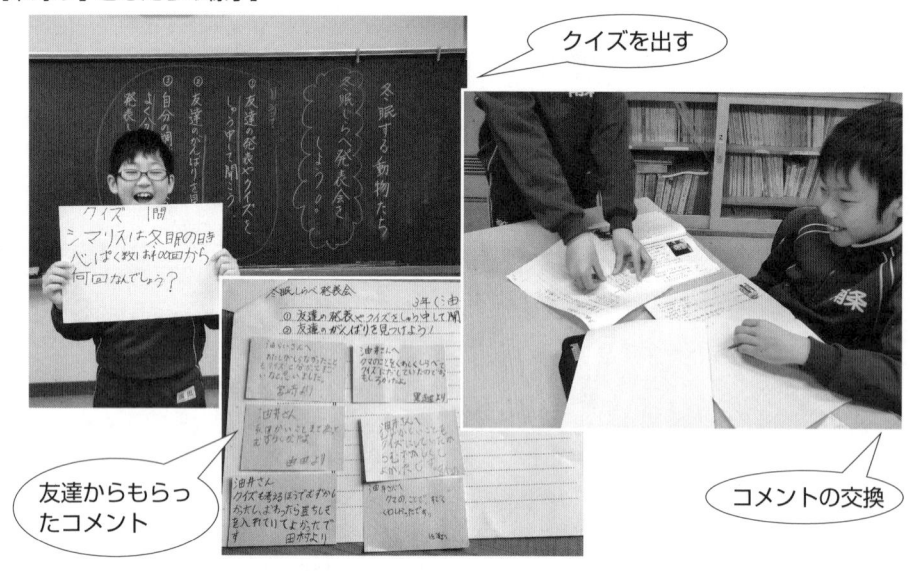

クイズを出す

友達からもらったコメント

コメントの交換

2　対話のある授業を進めるしかけ

(1)　意欲を高める指示や発問のために考えたこと

　　生き物のことに興味をもっている子どもは多いが，説明文となると苦手意識が強い。そこで，楽しく学習を進めることができるように，学習のまとめとして「冬眠学習発表会」を設定した。そして友達の意見を聞いた気づきを発表したり，互いのがんばりを認め合ったりする機会を多くとるようにした。

(2)　意欲を高める指示や発問のために工夫したこと

○毎時間の終末に「今日のキラリさん見つけ」をノートに書いて友達や自分のがんばりを振り返る。友達の発言に耳を傾け，がんばりを認め合うことで次時への意欲を高めるようにする。

○「冬眠学習発表会」では，発表を聞いてのコメントを付せん紙に書いて交換する。友達からコメントをもらうことで，達成感を高めるよう

にする。
○子どもたちががんばっている姿を教師がアイメッセージで伝え，意欲の継続を図る。

3 指導の実際

本単元では，友達同士での認め合いによる意欲づけを大切にした。友達から認められることで自信がつき，学習態度の改善や学習の深まりにつながった子どもが多くいた。

❶相手を意識した話し方を心がけるようになったMさん

　文章の構成を「はじめ・中・終わり」の三つに分ける学習では，「中」に変温動物と恒温動物の二つが出ていたため，区分けに迷った。

　Mさんは，「はじめ」の「〜のでしょう」という問いかけや「終わり」の「このように〜」という書き出しに着目した。文末表現やつなぎの言葉を見つけていけば文章の構成がわかることを発言し，みんなを納得させた。Mさんは読解力があり，聞く態度もよかったが，積極的に発言することは少ない子どもである。しかし，この日はたくさんの子がMさんを「キラリさん」にあげた。教師も「Mさんの説明はすごくわかりやすかったね。発表してくれてうれしかった」と感想を伝えた。

　発表に自信をもったMさんは，相手にわかるように発表することに意識が向いていった。ノートには「言う順番を工夫して，みんなにわかってもらえるように発表したい」と書いていた。また，「冬眠学習発表会」では，シマリスの巣のなかの三つの部屋を絵で表してわかりやすく説明していた。

❷認められることで張りきって学習するようになったAさん

　教科書の「カエル，シマリス，クマ……」は，ほとんどが知っている生き物であったが，「ヤマネ」は初めて聞いたという子どもが多かった。

「ヤマネは小さくてかわいいからペットにしたいな」という友達の発言にAさんが,「ヤマネは天然記念物だからペットにできないよ」と反論し,天然記念物について話し始めた。Aさんは,博識で生き物のことにも詳しい。しかし,授業態度はけっしてよいとはいえなかった。学習ルールが守れなかったり,書く活動になると嫌がって何もしなかったりすることがあった。そんなAさんの熱く語る姿は,子どもたちを驚かせた。

「Aさんのおかげで天然記念物のことがよくわかった。もっと調べてみたくなったよ」「すごい,もっと豆知識教えて」という声が聞かれた。教師からも「先生もよく知らないから頼むよ」と声かけした。みんなから認められたAさんは「また本で調べてきます」と張りきって学習に参加するようになった。

❸周りからの働きかけで苦手意識を克服したKさん

Kさんは,国語の学習に苦手意識をもっていた。同じグループのAさんがすすんで図鑑で調べる姿を見て,自分も家庭で音読練習をしてくるようになった。自分が取り組んだことを自己申告してきたときには,がんばっている様子をみんなに広め,褒美(ほうび)シールを与えるようにした。

音読で話の内容をつかんだKさんは,「ヤマネやクマは,自分で呼吸数や心拍数を変えているからすごい。人間が変えたらどうなるんだろう」という疑問をもった。教師は,「人間と比べていたのはKさんだけだったよ」と発想の良さをほめた。そして自分の疑問について事典やインターネットで調べ始めた。このように周りの友達や教師の働きかけが,苦手意識をもっているKさんを前向きにさせていった。

❹充実感を深める教師の役割

子ども同士の認め合いが軌道にのるまでは,意図的に場面を仕組み,教師がアイメッセージで話すお手本を示した。「うなずいて聞いてくれてうれしいな」「大事な言葉を入れてまとめていてわかりやすかった」と

聴き方や書き方に目を向けるようにした。また「冬眠学習発表会」の準備をしている子どもには,「どんなことを発表してくれるのか楽しみだ」と教師の期待を伝えるようにした。このような「楽しみだ」「驚いた」「うれしい」「感心した」という教師の言葉が子どもの活動意欲を高めていった。

4 実践からわかったこと

(1) 子どもの変化
○単元のゴールに「冬眠学習発表会」を設定したことで,子どもたちは,発表会に向けて,読み取る・調べる・まとめると一連の学習にめあてをもって取り組んだ。
○「キラリさん」やコメント交換などで認められた喜びは学習意欲を高め,継続させるのに有効であった。また,友達の様子を見て自分の活動の参考にするようになった。

(2) 教師の変化
○子どもたちだけでなく,教師自身が認めることを意識しないと子どもたちに徹底していかない。ささいなことでも一人一人の良さを見つけ,広めるように努めるようになった。
○気軽に質問したり,相談したりできる関係を築きながらルールを徹底させ,安心して学習できる環境づくりを心がけるようになった。

(3) 今後の課題
○一対一の子ども同士,教師と子どもとのかかわりが多かった。さらにいろいろなグループ活動を取り入れ,かかわりを広げていきたい。
○読む・話す・書く力の個人差が大きい。個別支援を工夫しながら,友達とかかわることで伸ばす援助を続けたい。

（藤井　朋子）

11 ③活動展開　子どもを引きつけ，活動意欲を高めるコツ

中学校　2年　数学
連立方程式

☞ポイント　動機づけを行い，活動意欲が高まるようにする

○身近な題材を用い，解決のために多様な考えができる課題を設定することで，自分の意見をもって話し合いに臨むようにする。
○グループ活動は，ねらいや方法をわかりやすく伝える。

1　授業の概要

(1)　単元のねらい

○問題の解決に連立2元1次方程式を意欲的に活用して考えたり判断したりする。（数学への関心・意欲・態度）
○連立2元1次方程式の知識および技能を活用しながら，事象を論理的に考察し表現したり，考えを深めたりする。（数学的な見方や考え方）
○簡単な連立2元1次方程式を解く技能を身につける。（数学的な技能）
○連立2元1次方程式の必要性と意味およびその解の意味を理解し，知識を身につける。（数量や図形などについての知識・理解）

(2)　全体計画（本時1／12時間）

　第1次　連立方程式　（7時間）
　第2次　連立方程式の利用　（4時間）
　第3次　練習問題　（1時間）

(3)　本時のねらい

○グループで話し合い，課題を解決しようとする。
○2元1次方程式とその解の意味を理解する。

(4) 本時の流れ

	学習活動	指導のコツ
導入5分	1　課題の提示 課題　りんご1個となし1個では350円でした。りんご、なしはそれぞれ1個いくらでしょうか？	・生活場面を想像させ，生徒の学習意欲を喚起する。 ・条件が1つでは，課題は解決しないことに気づかせる。
展開35分	2　課題の解決 条件の追加 りんご3個となし2個では850円でした。 ◇個人で考える。 ◇グループで話し合い，画用紙にまとめる。 ・条件に当てはまる数字の組を探す。 ・加減法的な考え方で解決する。 ・代入法的な考え方で解決する。 ・言葉で表現する。 ・図で表す。 　　□■＝350　□□□■■＝850 ・文字式で表す。 　　$X+Y=350$　$2X+3Y=850$ ◇グループごとに発表する。	・自分の意見をもって話し合うために個人で考える時間を設ける。 ・カード（りんご，なしの2種類）を用意してあることを伝え，希望する生徒に渡す。 ●4人グループをつくり，話し合いの前に役割や進め方の手順を確認する。 ●役割，手順，ねらいを掲示する。 ●グループの話し合いの約束「①グループ全員が納得する。②よりすっきりした求め方を見つける」を伝える。
終末10分	3　本時のまとめ ・2元1次方程式について教師の説明を聞き，理解する。 ・自己評価カードに記入する。	

2 対話のある授業を進めるしかけ

(1) 意欲を高める指示や発問のために考えたこと

　　本時は、「連立方程式」の1時間目にあたる。未知数が2つある問題との出会いの時間である。連立方程式に関する予備知識なしでも解決できる課題を用意し、解決への道筋を見つけたり、より洗練された表現方法を考えたりさせる。その課題解決の過程に、グループや学級での話し合い活動を取り入れることで、連立方程式を学ぶ意欲を高めることができると考えた。

(2) 意欲を高める指示や発問のために工夫したこと

○活発な話し合いが行われるためには、授業への参加意欲を高める必要がある。そのために、課題設定や課題提示を工夫した。

ア　身近な題材を用い、「解決できそうだ」「やってみよう」と感じさせることができる課題設定をし、生徒の興味を引き出す。条件1・2を提示する際には、生活場面を想像させて状況を説明する。例えば「お母さんがりんごとなしを1個ずつ買ってきました。レシートをなくしてしまい、それぞれの値段がわかりません。(条件1)」のように。ただし、話を脚色しすぎると生活場面に関心が向いてしまい、課題に集中できなくなることがあるので気をつける。

イ　解決への道筋や表現方法が複数ある課題設定にすることで、数学が得意な生徒の意欲を高め、話し合いの活性化を図る。また、苦手な生徒への意欲づけとして操作活動を用意する。この操作活動用のカードは、考え方の説明にも利用する。

○活発な話し合いにするために、ねらい、グループでの役割、話し合いの手順を確認し、黒板に掲示する。

3　指導の実際

❶話し合いのグループサイズは4人

　全員が話し合いに参加できるグループサイズは4人である。4人であれば，互いにノートを見せながら考えを述べ合うことができる。また一人一人に役割を与えられるので全員が話し合いに参加できる。なお中学校の生活班は6人編成であることが多いが，その場合は生活班とは別に"数学班"をつくる。

❷ねらい，役割，手順を明確に示す

　話し合いの場を設けても，順に自分の意見を言って終わりにしてしまうことが多い。対話のある話し合いにするために，＜グループ全員が納得する＞＜よりすっきりした求め方を見つける＞を守ってグループの話し合いを進めるようにする。

　話し合いに入る前に，司会，記録（2名），発表の役割を決める。役割を自分たちで決められない学級では，例えば「右前の席が司会」などのように，机の位置で役割を指定する。

　司会役の生徒がとまどわずに進行するために次のような話し合いの手順を指示した。

＜左前の席から順に説明する＞
＜説明を聞き終わってから，質問や意見を言う＞
＜わからなかった人は，できたところまで説明する＞
＜全員が発表を終えたら，グループの解き方を決める。多数決では決めない＞
＜全員が納得するまで話し合う＞
＜グループの考えを画用紙にまとめる＞

　「1人の発表は2分以内，話し合いは○時○分までの15分間」のように時間を指示して板書した。終わりの時刻を示すほうがわかりやすい。

そして「ほかの人の意見をバカにしたり否定したりしない」ことを約束して話し合いを始めた。

❸グループの意見を画用紙にまとめる

　グループで話し合った解き方を，画用紙にまとめる。事前に画用紙に収まるまとめ方をするように指示しておく。また，複数の考え方が出たグループは，考え方ごとに画用紙に書くようにする。画用紙にまとめることで，すべてのグループの考え方を黒板上で類型に分けることができた。また，授業後は教室に掲示し，次時以降それを見ながら授業を進めた。

❹考え方に名前をつける

　発表が終わった後は，解き方（考え方）の類型に分ける。代入法と加減法に分かれることが望ましいが，この時点では教師が主導しないようにする。類型分けの作業を通して，生徒はよりすっきり表現できている解き方を見つけていった。典型的な解き方に"○○方式"など（○○には個人や班名が入る）名前をつけて次時以降の学習に活用するようにした。

4　実践からわかったこと

(1)　子どもの変化

○数学に自信がなく意欲的に参加できていなかった生徒が，すすんで取り組んでいた。身近な題材での課題に抵抗感が少なかったようだ。一人一人が自分のわかったところまでを説明するようにしたことで，どの生徒も積極的に参加していた。"○○方式"として自分の名前をつけてもらえた生徒は，特に意欲が高まっていた。

○「グループのメンバー全員が納得する」をねらいとして指示した。課題を解くことができた生徒は，わからなかった生徒が「わかった」と

言うまで，言葉を変えたり図を使ったりして何度も説明していた。4人グループだったので，わからない生徒も「わからない」と言いやすかったようである。また，似た考え方で解いた生徒同士が互いの考えを理解しようと熱心に耳を傾ける姿が見られた。教室のあちこちから「わかった！」の声があがると，グループ同士でよい意味での競争心が湧いてきたようであった。そしてほかのグループよりよい考えを出そうとグループでの話し合いが活発になり，図や式を利用して，すっきりと解き方を説明できるように工夫していた。

(2) 教師の変化

○課題やグループサイズを工夫することで話し合いが活発になることがわかったので，ほかの題材でも積極的にグループの話し合いを取り入れるようになった。

○グループ活動の手順をきめ細かく指示し，生徒が安心して話し合いに参加できるように配慮するようになった。

○一人一人の意見をしっかり聴き，認める態度に徹することで，生徒は安心して意見を発表することに気づいた。そして生徒に対する言葉かけに気をつけるようになった。

(3) 今後の課題

○形だけのグループ活動にしないために，日常的にグループ活動を取り入れた授業展開を行う必要がある。

○グループでの活動だけでなく，一斉授業のときにも，発表の仕方，意見の聞き方のポイントを掲示し，活発な意見交換ができるようにしたい。

（赤座　和子）

12 ③活動展開　子どもを引きつけ，活動意欲を高めるコツ

小学校　2年　生活
あそびランドへ　ようこそ

☞ポイント　動機づけを行い，活動意欲が高まるようにする

○1年生を招待するあそびランドの遊びを自分でつくり，協力しながら工夫することを通して，友達とのかかわり方を身につける。
○ペアやグループでがんばりを伝え合い，達成感を分かち合うようにすることで学習意欲を高める。

1　授業の概要

(1)　単元のねらい

○身近にある材料を利用して遊び道具をつくり，2年生や1年生の友達と楽しく遊ぼうとする。（生活への関心・意欲・態度）
○友達と相談したり自分なりに工夫したりしながら遊び道具をつくり，遊び方やルールを考えることができる。（活動や体験についての思考・表現）
○遊び道具をつくりだす楽しさや，友達と協力すればより楽しく遊べることに気づいている。（身近な環境や自分についての気づき）

(2)　全体計画（本時10／14時間）

第1次（1時間）　みんながわくわくになれる遊びを考えて話し合う
第2次（1時間）　グループを決めて，つくる遊び道具を考えよう
第3次（7時間）　みんながわくわくになれる遊びを工夫してつくろう
第4次（3時間）　1年生がわくわく楽しめるかな
第5次（2時間）　「わくわくあそびランド」で1年生と一緒に遊ぼう

(3) 本時のねらい

お試しをして，1年生がわくわくになるかどうかを考え，活動を見直すことができる。

(4) 本時の流れ

	学習活動	指導のコツ
導入5分	1 お試しのやり方について確認する。	・キーワード「1年生がわくわく」を提示し，相手を意識して活動できるようにする。
展開25分	2 1年生役になったり説明役になったりしてお試しの活動をする。 3 活動について話し合う。 ◇グループで話し合う。 ・○○さんの教え方がやさしくていい。 ・声が小さい。大きな声で言いたい。 ◇全体で話し合う。 ・○○グループは，説明や見本があってわかりやすかった。 ・時間を決めているところがいい。みんなができるから1年生も喜ぶよ。	●「工夫や活動のよいところ」を意識して活動させ，見つけたことを話す。 ●遊びを工夫したり，相手を考えて活動したりしている子どもに共感することで活動意欲を高める。 ●1年生がわくわくになれるかを話し合い，気づきを共有したり，高め合ったりする。
終末15分	4 学習で思ったことをワークシートに書き，グループで話し合う。（ふれあいタイム） ・○○さんは，説明を一生懸命していてがんばっていたよ。 ・○○さんが呼び込みをしてくれた。わたしも今度やるよ。	●グループでがんばりを振り返って伝えることで，満足感を味わえるようにする。 ・「お試しパート2」に向けて工夫することを具体的に決めてカードに記録する。

2　対話のある授業を進めるしかけ

(1)　ペアやグループの活動でかかわりをつくるために考えたこと

　本単元では，つくる，試す，相談する，工夫してつくるのサイクルで活動を進める。活動の最後にはグループでの話し合い（ふれあいタイム）を継続して行う。そして，がんばりや良さを伝え合い，一緒に活動する楽しさを味わうようにする。これらの活動を通して，友達とのかかわり方を学ぶようにする。また，ペアやグループでの活動を取り入れ，分かち合うことで友達の考えを尊重できるようにする。

(2)　ペアやグループの活動でかかわりをつくるために工夫したこと

○話し合いでは，ペアやグループで互いのがんばりを伝え合い，思いや考えを分かち合うようにする。

○トラブルは，話し合いの契機ととらえ，互いの気持ちを伝え合うようにする。アサーティブなかかわり方を指導し，互いの思いを理解し合うようにする。

○教師の思ったこと感じたことを振り返りの場面で伝えることで，子どもの活動意欲を高める。

3　指導の実際

　本単元では，1年生を「あそびランド」に招待したい子どもの願いをもとに活動を進めた。それぞれが選んだ遊びでグループをつくったため，ふだんあまり一緒に活動しない子どもが同じグループになった。そのため，意見が合わなかったり，自分勝手に行動したりして，うまく活動を進められないことが予想された。そこで，

活動が終わった後に「ふれあいタイム」を設け，認め合ったり，気持ちを伝え合ったりするようにした。活動を仲間から認められることで活動への意欲が高まり，互いのがんばりを認めるようになった。そして，クラス全体に認め合う発言が広がっていった。

❶グループで互いの活動を認め合う

単元の導入では，「1年生を招待する」ことを全体で決め，相手意識をもつようにした。子どもたちは，1年生が楽しむためのアイデアを出し合っていた。活動の終わりの「ふれあいタイム」では，話し合いがスムーズに行くように，カードにメモをしたり，話し方のパターンを提示した。1年生のために工夫したことをペアやグループで認め合うことで，協力することの良さに気づいていった。

ふれあいタイムの進め方
○右がわの人から順番に話をする。
1　あいさつ「よろしくお願いします」
2　「わたしは今日〜をがんばりました。見つけた友達のがんばりは，〜です。わけは，〜だからです」（順番に全員話をする）
3　アドバイス（アドバイスは，あったか言葉で伝える）
4　分かち合い 「○○さんが〜をしてくれたので，うまくできてうれしかったよ」「○○さんのアイデアは1年生がわくわくすると思うよ」
5　あいさつ「ありがとうございました」

また，次時の活動の相談もできるようになった。空き缶を使った魚釣りグループでは，1年生が手を切らないように飲み口にテープを貼った子どもがいた。メンバーからは「1年生が安心してできるね。たくさん貼ったね」と認められていた。この子どもたちは次時に長さを変えた釣り竿を何種類もつくる姿が見られ，認め合いが次への活動意欲につながったと思われた。

❷グループでの分かち合いがかかわりを深める

自分や友達の活動の良さを伝え合う活動を繰り返すことで，友達のがんばりに気づかなかった子どもが，がんばりを見つけて伝えるように

なった。互いに伝え合うことが励みになり，どのグループも意欲的に活動に取り組んでいた。

　Sさんは1人で遊びを工夫していた。教師は，Sさんのがんばりを全体に伝えるようにした。すると，子どもたちから「Sさんがトントン相撲のお相撲さんをいっぱいつくっていた」などの発言があった。Sさんは活動が認められたことが自信となり，さらに意欲的に活動に取り組むようになった。

　また，自分ばかりが仕事をさせられていると感じていたCさんに，自分の思いを伝えることを指導した。グループの友達からは「そんなつもりではなかった」「ごめんね。ぼくも仕事手伝うから」と謝る発言があった。このことをきっかけに，グループで互いの仕事を認め合う声かけが多くなり，Cさんも友達のがんばりに目が向くようになっていった。

　このように，グループでの分かち合いがメンバーのかかわりを深め，一緒に活動する楽しさにつながっていった。

❸分かち合いを認める

　話し合いの後には，分かち合ったことを認める教師の働きかけが大切である。なかなか話せない子どもがペアやグループで話せたことをほめるだけでなく，それをうなずきながら聞いたり，認める発言をしたりしている子どももほめるようにした。発言者だけでなく，うなずいたり，真剣に聞いたりしている子どもを認めるのである。教師がどの部分に注目するかで分かち合いの深まりは違ってくるのである。

　分かち合いによって意欲づけられたグループでは，話し合いが進み，次の活動の役割分担も決めるようになっていった。子ども同士の聞き合う態度が育つことで自分たちの取り組みに対する自信が大きくなっていった。そしてメンバー同士が互いの思いを大切にして活動を進めるようになっていった。

4 実践からわかったこと

(1) 子どもの変化
○ペアやグループのふれあいタイムをもったことで，活動を肯定的に見るようになり，協力する姿や一緒に喜ぶ姿が多く見られるようになった。飽きっぽい子どもが周りから励まされ，活動を根気よく続けるようになった。

○ふれあいタイムを繰り返すことで，教師の自己開示や友達の話し方をモデルにして，話すことが苦手な子どもが少しずつ話すようになり，分かち合いの楽しさを味わうようになった。

(2) 教師の変化
○ほかの教科でもペアやグループの話し合いを取り入れ，子ども同士がかかわり合って進める授業を工夫するようになった。

○ワークシートやカードの記録により，子どもの思いを把握して活動を進めるようになった。

○話し方のパターンや約束ごとを提示し，教師がモデリングを行うなどわかりやすい支援を心がけるようになった。

(3) 今後の課題
○目標をもたせ，相手を意識させることは意欲づけに最適である。動機づけを工夫して，一人一人が課題をもつようにする必要がある。また，振り返りの観点を教師の自己開示によって示すことで子どもの気づきを引き出す工夫を続けたい。

○かかわりによって子ども同士で授業を深めていくようにするために，いろいろな教科のなかにペアやグループでの分かち合いの場を設定していきたい。

（黒田　陽子）

13　③活動展開　子どもを引きつけ，活動意欲を高めるコツ

小学校　6年　社会
明治の国づくりを進めた人々

☞ポイント　動機づけを行い，活動意欲が高まるようにする

○対立する２つの課題に分かれて話し合うことで，互いにかかわり合い考えを深める。
○グループで意見を交流して話し合いを進めることで，自信をもって学習に臨むことができるようにする。

1　授業の概要

(1)　単元のねらい

○幕府の政策や新しい学問が世の中に与える影響についてすすんで調べようとしている。（社会事象への関心・意欲・態度）
○友達の意見をもとに自分の考えを見直し，江戸時代以後の日本の方向について考えをまとめる。（社会的な思考・判断）
○ペリーの要求に対して，既習事項をもとに開国か鎖国かという観点で考えをまとめ，話し合う。（観察・資料活用の技能）

(2)　全体計画（本時17／23時間）

　第１次（10時間）　戦国の世から江戸の世へ
　第２次（６時間）　江戸の文化と新しい学問
　第３次（７時間）　明治の国づくりを進めた人々

(3)　本時のねらい

　開国するのか，鎖国を続けるのかについて幕府の大名の立場に立って話し合い，今後の日本の方向性についての考えを深めることができる。

(4) 本時の流れ

	学習活動	指導のコツ
導入 10分	開国するのがよいか，鎖国を続けるのがよいか，話し合おう。 1　開国派，鎖国派のそれぞれの考えを発表する。	・開国派は開国の重要性を，鎖国派は開国すると起こる問題点を発表する。
展開 25分	2　開国派，鎖国派グループで，相手方の考えに対する質問や反論を話し合う。 3　開国派から鎖国派へ，鎖国派から開国派へ反論や質問をする。 ・外国の学問が広まると，幕府の支配が弱まる。 ・ペリーとの話し合いで，不利な内容にならないようにする。 ・戦いに備えてオランダなどに協力を依頼して準備をする。	●話し合いの観点を，日本の文化，キリスト教，新しい学問，身分制度，外国との戦いの五つに絞って話し合う。 ●グループの友達の意見を聞いて自分の考えを見直す。
終末 10分	4　開国にあたっての日本の方向性についてノートにまとめる。 ・開国したら外国に負けないような軍隊をつくらなくてはいけない。 5　学習の振り返りをする。 ・相手側の意見にも納得できることが多くあった。今後日本がどのように進んでいくのか調べたい。	・幕府は開国の道を選んだことを知らせ，今後の方向についての考えをノートに書く。 ●グループで振り返りをすることで，相手側の考えの良さや自分の考えの深まりに気づく。

2　対話のある授業を進めるしかけ

(1) ペアやグループの活動でかかわりをつくるために考えたこと

　互いに対立する考えを練り上げ，よりよいものにしていく過程でかか

わりが生まれると考えた。そこで本時では，ペアやグループで自分の立場の考えを出し，相手側の考えに対する反論を話し合う。ペアやグループでの活動を取り入れることで，互いにかかわり合って学習を進めていく良さを味わうことができると考えた。

(2) ペアやグループの活動でかかわりをつくるために工夫したこと

○考える立場を明確にする

　幕府の大名という立場で子ども同士がペアやグループになって考えを交流させることで自分の考えがもてるようにする。

○話し合う視点を明確にする

　キリスト教や日本文化の発展，外国との戦いなど，五つの観点に絞って話し合うことで，全体での話し合いが深まるようにする。

○同じ考えのグループで相手側への質問や反論を話し合う

　「日本にとって開国するのがよいか，鎖国を続けるのがよいか，話し合おう」という課題で開国派と鎖国派に分かれ話し合う。観点が同じ友達と反対の立場に対する質問や反論を話し合うことで考えを深めるようにしたい。

3　指導の実際

❶ペアやグループで考えを交流し，自分の考えをもつ

　幕府の大名という立場で開国，鎖国のいずれかについて自分の考えをもつようにした。五つの観点について，開国することによって問題となるのか，それとも幕府や日本にとってよい方向に働くのかをペアで話し合うようにした。「開国によって外国の制度が入ってきたら幕府の身分制度がくずれると思う」「いま鎖国を続けて外国と戦争になったら必ず負ける」「新しい学問が入ってきたら，幕府の考え方が違っていたことが人々に知れ渡ってしまう」など，いままで学習してきたことをもとに

考えを出し合った。子どもたちはペアで話し合ったことで，自分の考えが明らかになり，幕府の大名として開国の立場をとるのか，鎖国の立場をとるのかを明確にすることができた。

　自分の立場を明確にした後，全体での話し合いの前に，開国派・鎖国派に分かれ同じ立場の子ども同士が3～4人のグループとなり，『キリスト教の禁止』『日本文化の発展』『新しい学問』『身分制度』『外国との戦い』の五つの観点について，自分の立場から考えを出し合った。「外国の文化が入ることで日本も豊かになる」「外国の考えは幕府の支配に影響が出るからよくない」など，同じ考えの者がグループになり意見を出し合うことで，考えに深まりが見られた。ペアやグループで話し合ったことで，全体での話し合いではすすんで発表する子どもが多く見られた。

❷グループでの話し合いによる考えの見直しと深まり

　開国派，鎖国派の意見を出し合った後，同じ立場のグループでの話し合いの場を設けた。違う立場の意見を聞いて思ったことや反論をグループで出し合うことで考えが深まると考えたからである。開国する場合や鎖国を続ける場合の具体的な対策を話し合った。

　『キリスト教の禁止』については，鎖国派が「平等という考えが広まったり，島原の乱のように信者による反乱が起こったりする可能性があるから入れてはいけない」と発言したことについて，どう反論すればよいか考えた。「確かにキリスト教が入ると身分制度がくずれるかもしれない。だから，広めてもよい地域を制限すればいい」「できるだけキリスト教を入れないように外国にお願いすればいい」といった対策を考えていた。

　また，『日本文化の発展』については，「外国の文化が広まると日本の文化がくずれていく」という鎖国派の意見に対して，開国派のグループでは「鎖国派の意見も納得できる」という意見が出て，なかなか反論を

考えることができなかった。そこで,「外国の文化の良さをどう広めればよいだろう」と投げかけ,話し合うよう助言した。子どもたちは,「日本の文化と外国の文化のよいところを認めて,両方の文化を受け入れる方法を考えていけばよい」という結論に意見をまとめていた。

『新しい学問の広まり』については,鎖国派が開国の問題点として「いままでの幕府の考えとは違う新しい知識や考えが広がり,幕府の支配に影響が出る。これは幕府支配の弱体化につながる」ことを指摘した。開国派は,「新しい医学が広まることで多くの人の命を救うことができる」という発言を受けて,「幕府も人々のためになることは認めていけばよい」「正しい考えを受け入れることも大切である。誤った考えは見直していけばよい」といった考えを導き出していた。

『身分制度』については,当初は「江戸時代は身分による支配があまりにも強すぎたから,人々は不満をもっていた。だから外国から新しい考えが入ってきて人々が自由になることはよいことだ」といった開国派の意見に対し,鎖国派も納得しなかなか反論できないでいた。けれどもグループの話し合いのなかで「大名として開国後も少しはいまの身分も残したいのではないか。もし,自分の立場が低くなったら嫌だと思う」という発言を受け,「身分制度を完全になくすのはよくない」「少しはいまの制度を残さないと大名としての地位が弱くなる」という意見を出し合っていた。

『外国との戦い』については,「言われるままに開国したら日本は弱い国だと思われてどんどん外国の言うとおりになってしまう。だから戦わなくてはならない」という鎖国派の発言に対して,「ペリーとの話し合いで日本の立場を話して日本に不利

にならないような開国にすればよい」ということを考え，開国後の日本の方向についても話し合っていた。

　このように同じ考えのグループで反対意見への対応を話し合うことで活発な意見交換が行われた。違う立場の子どもの考えを聞く場を設け，その意見に対する反論を話し合うことで，さまざまな見方や考え方があることに気づくことができた。そして話し合いによってより学習が深まる良さを子どもが実感することができた。

4　実践からわかったこと

(1)　子どもの変化
○グループでの話し合い活動を楽しむようになり，自分の考えを恥ずかしがらずに話すことができるようになった。
○友達の考えの納得できる部分は受け入れながら反論や対策を考えるようになった。

(2)　教師の変化
○いろいろな授業で意図的にペアやグループによる話し合い活動を仕組むようになった。
○話し合うための観点をどのように提示するかなど，子どもが意欲的に取り組むための課題や方法を工夫するようになった。

(3)　今後の課題
○グループの話し合いを効果的に進めるためには，グループのサイズや形態，話し合いの時間などを工夫し，計画的に組み入れていく必要がある。
○グループやペアで話し合うために，子どもたちが話し合いたいと考える課題を工夫する必要がある。

（三田　祐輔）

14 ③活動展開　子どもを引きつけ，活動意欲を高めるコツ

> 小学校　5年　音楽
> **曲想を味わおう**

☞ポイント　笑顔力や目力により，子どもを引きつけ，集中させる

○表現の工夫を笑顔で励まし，アドバイスをする。終末にはアンコールを取り入れ，子どもたちが表現の良さを広げていくようにする。
○考えの似た者でグループを組み，曲想の変化（A・Bの2部形式）を工夫する。そしてねらいに合った歌い方ができているかをグループや全体で聴き合い，話し合う場を設ける。（教材曲「それは地球」）

1　授業の概要

(1)　単元のねらい

○曲想やその変化を感じ取りながら，思いや意図をもって表現しようとしている。（音楽への関心・意欲・態度）
○旋律の特徴を感じ取って，曲想を生かした表現の仕方を工夫しながら演奏することができる。（音楽表現の創意工夫）
○旋律の特徴を感じ取って，曲想の変化を生かした表現ができる。（音楽表現の技能）
○曲想やその変化を感じ取りながら，思いや意図をもって想像豊かに聴き，口ずさんだり指揮をしたりできる。（鑑賞の能力）

(2)　全体計画（本時6／7時間）

第1次（2時間）　「だれかが口笛ふいた」（ABCの3部形式）の曲想の変化や移り変わりを感じながら歌う。
第2次（1時間）　「ハンガリー舞曲第5番」を曲想の変化や移り変わりを感じながら，言葉や図で表したり，体全体で表現

　　　　　　したりする。
　第3次（4時間）「それは地球」のAとBの2部形式の曲想の変化を
　　　　　　感じながら，曲に合った表現の工夫をする。

(3) 本時のねらい
　〇AとBの曲想の変化を感じながら工夫して歌うことができる。

(4) 本時の流れ

	学習活動	指導のコツ
導入8分	1　「だれかが口笛ふいた」「それは地球」を曲想の変化を感じながらみんなで歌う。 2　今日の学習のめあてを確認する。	・曲想の変化を感じながら歌うように声をかけ，本時のめあてを意識させる。 ●笑顔で歌うことを意識させる。
	AとBの曲想の変化を感じながら歌い方を工夫しよう	
展開30分	3　グループで練習する。 ・Aのはずむ感じやBのレガートでのびやかな感じの表現になっているか確認する。 ・よい表情で気持ちよく歌っているかグループのみんなで確かめる。 4　グループ同士で聴き合う。 ・相手のグループのよいと思う表現を見つけ，ほめ合う。 ・直したらよい点についてアドバイスをする。 5　全体の場で，表現の工夫に悩んでいるグループを取り上げ話し合う。 ・どうすれば曲想の変化を感じられる表現になるか，自分たちの工夫をもとにしてアドバイスをする。	・グループの曲想の工夫を書いたアレンジシートを拡大して貼り，めあてを確認しながら練習できるようにする。 ●子どもたちが考えた表現の工夫はすべて笑顔でOKを出す。 ・音とり楽器を用意したり聞き役などをつくったりして，グループで話し合って練習できるようにする。 ●自分のグループと比べて発言するようにして，子どもたち同士のかかわりを深めていく。 ●笑顔の歌声は明るく響くことを伝える。 ・実際に表現しながら悩みを解決していくようにする。
終末7分	6　学習の確かめをする。 ・アンコールをする。 ・振り返りカードを書く。 ・確かめカードを使って，今日の自分を振り返る。	●アンコールとしてもう一度聴いたり，真似をして歌ってみたりすることで，よい表現を広めていくようにする。

2 対話のある授業を進めるしかけ

(1) 笑顔で子どもの心に響く指導をするために考えたこと

教師の笑顔があるところに子どもたちの笑顔がある。笑顔力とは，教師が笑顔で接し子どもたちに安心感を与えることである。また，子どもたちの取り組みに対する意欲や努力，変容を認め，励まし，ほめて，自信をもたせることである。笑顔力を生かして，子どもたちが，楽しい，もっとやりたいと思う指導過程を工夫していきたい。

(2) 笑顔で子どもの心に響く指導をするために工夫したこと

○子どもたちが考えた表現の工夫はすべて笑顔で OK を出す。工夫の見直しは子どもたち同士の話し合いで進め，音楽的な要素の指導はそのなかで行っていく。悩んでいる子どもたちに対応するときは，笑顔で接することを意識してアドバイスをしていく。練習してよりよい表現になった場合は，大いにほめて全体の場で紹介し，良さを広げていく。

○気持ちよく歌っていれば自然に表情がよくなり，笑顔で歌うようになる。その笑顔の歌声は明るく響くので，その良さを伝えていく。

○子どもたちが好きな歌を教材に選び，表現の工夫への抵抗感をなくすようにする。また，工夫した表現をビデオに収めて記録に残そうと呼びかけ，学習意欲を高めていく。

○自分で A と B の曲想の変化を感じながら表現の工夫を考える。その後，似た考えの友達とグループを組み，一人一人の考えを生かして表現活動に取り組んでいくようにする。

○アカペラで表現の工夫を行い，友達の歌声の良さを実感しハーモニーのすばらしさや心を一つにして歌う喜びを感じ取るようにする。

○グループの聴き合いや全体での相談タイムなどで悩みを解決し，表現の高まりをめざしていく。

3　指導の実際

　子どもたちの大好きな曲「それは地球」を教材として採用した。この曲は，AとBの2部形式で部分3部合唱ができる。16小節の短い曲だが，前半はリズムにのって，後半はレガートにと変化をつけ歌いやすい曲である。子どもたちはBの部分3部合唱が好きで休み時間に笑顔で歌っていた。この曲の歌い方を工夫することには意欲的に取り組むと考えた。

　音楽の授業を楽しく進めていくには，やってみたい，これならやれそうだという気持ちの高まりが大切だ。教師の笑顔で認め励ます姿勢を大切にしながら，一人一人の考えを生かし，グループで話し合って練習していくようにする。そして，よりよい表現を工夫し，つくり上げた充実感と満足感を味わいながら，心に残るマイソングとして仕上げたいと考えた。

❶**表現活動の参考になる共通キーワードを提示する**

　子どもたちと共に「アレンジボックス」（いままで表現したことのある音楽的な要素を整理したもの：強弱・速さ・身体表現・繰り返し……）や，「イメージボックス」（教材曲3曲を聴いて感じたことを言葉に表したもの：リズミカル・明るい・ゆったり・のびやか……）を掲示し，曲想の工夫や表現活動の共通キーワードとして活用した。キーワードは，子どもたちにやる気と安心感を与えた。「アレンジボックス」や「イメージボックス」の表現をみんなで体験するようにしたことで，曲想のイメージがふくらみ，豊かな表現への意欲が高まっていった。

❷**考えが似ている子どもでグループを組む**

　子どもたちは，意欲的に表現の工夫を考え始めた。最初に一人一人が考えをまとめ，その後グループ活動を行うようにした。グループ活動では，一人一人の考えが必ずどこかに生かされるようにした。教師は「いいね」「よく考えたね。素敵な表現になりそうね」「この表現を早く聴いてみたいな」などと笑顔で声をかけた。子どもたちは早く曲を仕上げた

いという思いが強くなっていった。似た考えの子どもでグループを組むことで，よりよい表現をめざそうとする姿が見られた。

❸グループのペアで，表現を話し合う

互いの表現方法について興味をもち，自分たちにない表現のすばらしさを感じたり，逆に自分たちの表現の良さに気づいたりしていくために，表現を聴き合う場を3回設定した。Aのリズミカルな部分に，手拍子やハミングを入れたり，笑顔ではずみながら歌ったりした。Bのレガートな部分は，最後の2小節の速さをゆっくりにしたり，繰り返して歌ったり，部分的に輪唱を取り入れたりして歌った。

アカペラで歌うことで緊張感をもって互いの声を聴き合い，声を一つにしていた。聴く側の子どもたちは静かに聴き，歌声の響きの美しさを感じ取っていた。聴き合うことで，その場に歌声が響き渡り，歌っている子どもたちも聴いている子どもたちもその響きを快く感じていた。そして工夫の面白さにいつの間にか笑顔になり，表現の工夫の良さを認め合うことができた。教師がグループの工夫をほめることで，見直しの指摘を素直に受け入れて練習する姿が見られた。

❹悩みはみんなで話し合い表現してみる

グループ同士で解決できない悩みは，全体の場で解決する場を設けた。Fグループは，Aの部分に手拍子を入れてリズミカルな感じにしようとしていたが，歌の調子に合わず，やりたい手拍子の考えもまとまっていなかった。そこで全体の場で悩みを相談すると，ほかの子どもたちは，曲に合ういろいろな手拍子を考え，その場でやってみせた。Fグループの子どもたちは，いろいろな手拍子の表現を聴いて，どの表現が曲想の

調子に合い，歌いやすいかを考え表現を見直していった。
❺アンコールでもう一度聴いたり，真似をして歌ったりする
　授業の最後は，表現で学習の確かめ合いをするようにした。子どもたちの「もっと聴きたい」「真似をしたい」などの気持ちを大切にして，アンコールを行った。アンコールをもらった子どもたちは自信を深めていった。ほかの子どもたちもよい表現にふれることで，満足の笑顔になっていった。そして，その表現が次時の学習に生かされていった。

4　実践からわかったこと

(1)　子どもの変化
○一つのものをつくり上げる楽しさや喜びを感じることで，みんなで認め合い励まし合うことが増えた。そして学級生活に安心感が生まれ，一体感を感じるようになった。
○歌う楽しさを味わったことから，男女問わず休み時間に一緒にハーモニーを響かせて笑顔で歌うようになった。

(2)　教師の変化
○教師が笑顔で認め，励ますことで，子どもたちが安心して活動することを経験し，日ごろからよいタイミングで認め，励ますようになった。
○どのような授業でも具体的な手だてを講じることで子どもの生き生きとした姿が生まれるように，教材研究と手だてを工夫している。

(3)　今後の課題
○子どもたちが悩みを解決できる手だてをたくさん示すために，教材研究を深めていく必要がある。
○表現力を高めるために，グループをまとめ活動を充実させるリーダーを育成していきたい。

（杉本　淳子）

15 ③活動展開 子どもを引きつけ，活動意欲を高めるコツ

> 小学校　1年　学級活動
> 心のなかの鬼にさよならしよう

☞ポイント　笑顔力や目力により，子どもを引きつけ，集中させる

○教師が手をあげて子ども全員の目線を集めることや表情の変化，声の大小の工夫をすることで，子どもを引きつけながら話をする。
○自分の心のなかにある弱さと別れるための作戦を考えたり，チャレンジ後に振り返ったりする活動をペアで行ってから全体に広げる。

1　授業の概要

(1)　題材のねらい
○自分の心のなかの弱さを見つめ，改善に取り組むことで，よりよい自分になっていこうとする意欲を高める。
○自分のなかの鬼と別れる作戦を考え，チャレンジすることで，自分をよりよく変えようとする態度を育てる。

(2)　全体計画（本時1／2時間）
第1時　心のなかの鬼にさよならしよう
　　　　チャレンジ週間（課外）
第2時　チャレンジ週間の振り返りをしよう

(3)　本時のねらい
　自分の心のなかにある弱さを見つめ，その弱さと別れるための作戦を考えることで，よりよい自分になろうとする。

(4) 本時の流れ

	学習活動	指導のコツ
導入 5分	1　教師が自分のなかにいる鬼を紹介する。 「先生のなかには『あとまわし鬼』という鬼がいます。しなければいけないことをついつい後回しにして後ですごく困るんだよ」	●教師の自己開示によって，子どもたちが言いやすい雰囲気をつくり，鬼とさよならしたい気持ちを高める。 ●話し方のモデルを示す。
展開 35分	2　自分の心のなかの鬼を発表する。 ◇発表の後，自分の鬼に向かって「○○鬼にさよなら」と言って，豆を投げる。 「ぼくのなかには『おこりんぼ鬼』がいます。いつもすぐ怒ってお兄ちゃんとケンカしてしまいます」 3　鬼とさよならするための作戦を考える。 ◇1週間のチャレンジ週間に取り組むことを説明する。 ・いらいらしたら本を読んで気持ちを変えるようにする。 ・やることを忘れないように，することをメモしておきたい。	●手をあげて全員の目線を集めてから，話をする。 ●だれの心にも弱さがあることを知らせ，どんな鬼が出てきても非難しないことを約束する。 ●教師が鬼をどのように退治しているかを話し，子どもの鬼とさよならしたいという気持ちを高める。 ●どんな作戦を立てたらよいかをペアで相談する。困っているペアにはアドバイスをする。
終末 5分	4　活動を振り返って思ったことを発表する。 ・チャレンジ週間では全部まるにしたい。 ・自分のなかの鬼とさよならしたい。 ・鬼にむかって豆を投げるのが楽しかった。	●鬼とさよならしようとしている様子を見てうれしかったことを話し，チャレンジへの意欲を高める。

2　対話のある授業を進めるしかけ

(1)　子どもを引きつけ集中させるために考えたこと

　本題材では，自分の心のなかにある弱さを「心のなかの鬼」として見つめ，その鬼とさよならするための作戦を考えてチャレンジ週間に取り組む。自分のなかの鬼を友達に伝え，その鬼とさよならするための作戦をペアで考える。チャレンジ週間に各自が取り組み，その感想を分かち合うことでよりよい自分になろうとする意欲を高めたい。

　クラスには教師が話をしていても聞いていなかったり，手遊びをしていたりする子どもがいる。そこで教師が話や説明をする際には子どもの目線を集めることで，集中して話を聞くようにしたいと考えた。

(2)　子どもを引きつけ集中させるために工夫したこと

○教師が手をあげたら教師に注目するというルールをつくり，全員の視線を集めてから話をする。また，表情の変化や声の抑揚で子どもを引きつけながら話を進める。
○心のなかの鬼と向き合い，さよならしようという意欲を高めるために，自分の鬼に向かって豆を投げるという活動を取り入れる。
○鬼とさよならするための作戦をペアで相談して考える。

3　指導の実際

　本題材ではまず，自分の心のなかにある弱さについて見つめる。2月3日の節分は心にいる鬼をやっつけるチャンスの日である。そこで心の鬼に向かって豆まきをすることで，鬼とさよならしようとする気持ちを高めたいと考えた。しかし自分自身の弱

い部分を人に話すのは勇気がいることである。そこでまず教師が自分の弱い部分について話すことで子どもたちに安心感をもたせる。そして教師が自分のことを話すことで，子どもの活動意欲を高めたいと考えた。

「先生のなかには『あとまわし鬼』という鬼がいるんだよ。やらなくてはいけないことがあっても，つい後回しにしてしまって，後から大変な思いをすることがあってとても困ったんだ。締め切りに間に合わなくてほかの先生に迷惑をかけたこともあってね。これではいけないとそのとき思ったんだ」と困った顔で話した。子どもたちは，「先生にも弱いところがあるんだ」と驚いた顔で聞いていた。普段は言わない教師の弱い部分を話すことで，子どもたちは「何を話しても大丈夫なんだ」「だれにでも弱いところはあるんだ」という思いをもった。

次に，自分の心の弱さを鬼のお面に書き込み，みんなの前で話した。話す前にだれの心のなかにも鬼がいることを話し，友達のなかの鬼を聞いてばかにしたり笑ったりしないことを約束した。

その後，鬼とさよならするための作戦を考えてチャレンジ週間に取り組むようにした。1人では作戦を考えられない子どもがいると予想されたので，ペアで相談して考えることにした。

❶子どもの目線を集める

ふだん授業で話をしたり説明をしたりしているときに，話を聞いていない子どもが数名いる。よそ見をして聞いていない子，聞いているうちに手遊びを始めてしまう子などである。そして課題や指示を聞き逃してしまうことが多い。そこで授業のなかで子ども全員の目線を集める場面をつくることにした。まず導入では，心の鬼について話した後，教師自身の心のなかの鬼の絵を見せた。子どもたちは教師のなかにどんな鬼がいるのだろうかと興味津々で注目して話を聞いていた。そして，早く自分の心の鬼の絵をかきたくてたまらないという様子だった。

説明をする際に，手をあげたら教師の方を見るというルールをつくっ

た。このルールによって視線が教師に集まり，合図に気づいたり，先生の方を見るように注意し合ったりできるようになった。そして短時間で静かになり，話を聞くことができるようになった。また子どもが聞き逃すまいと注意するように，あえて小さな声で話したり，ゆっくり話したりするようにした。

　心のなかの鬼についての発表では，担任は子どもを見つめながら驚きやうれしい思いを伝えるようにした。子どもたちは友達のなかにどんな鬼がいるのか関心をもって聞き，「わたしと同じだ」とつぶやく子や「そんな鬼もいるんだ」と意外な鬼に驚く子がいた。そんなつぶやきには，「いろいろな鬼がいて困っている人がいるんだね」と子どもの思いに共感するようにした。

❷ペアで作戦を話し合う

　鬼とさよならするための作戦を，ペアで相談した。最初に教師が「あとまわし鬼」と別れるために「これからはすることを書き出して順番をつけ，大事なことから取り組むことにする」と自分の作戦を話した。その後みんなで「わすれんぼ鬼」について，「することをメモしておく」など忘れないための方法を考えた。このように，いくつかの鬼について作戦をみんなで話し合う時間をとった。

　次にペアで作戦について話し合った。怒ると家族に嫌な態度をとってしまう子は，どうしたら「ワルおに」とさよならできるか悩んでいた。ペアの友達と相談した結果，「どこかで落ち着いてから，お母さんや弟に謝る」という作戦を立てていた。

　ペアで相談してもよい作戦が思い浮かばない子には，「似た鬼の子に相談しにいってもいいよ」と声をかけた。それでも作戦が立てられなかっ

た子どもには，みんなでどうしたらよいか話し合った。みんなの意見を聞くことで，友達のヒントをもとに自分の作戦を決めることができた。このように全員が意欲的に作戦を立て，チャレンジ週間に取り組んでいた。

4 実践からわかったこと

(1) 子どもの変化
○教師が手をあげたら静かにして教師を見るというルールをつくったことで，大きな声を出さなくても集中して聞くようになった。
○自分のなかの鬼を発表し合い，みんなで鬼と別れるためにチャレンジすることで，自分を変えようとする意欲が高まった。
○ペアで話し合ったり，活動したりすることがスムーズにできるようになった。

(2) 教師の変化
○子どもの視線を集めてから話すようになった。また，言葉だけでなく表情の変化や身振りなど非言語的なメッセージも使って子どもに伝えるようになった。
○子どもたちとの関係を深めるために，教師の思ったことや感じたことを意識して話すようになった。
○教科の学習にペアの活動を多く取り入れるようになった。

(3) 今後の課題
○視線を集めても話している途中に目線がずれていく子がいる。子どもの集中を切らさない話し方や説明の仕方を工夫する必要がある。
○自分の感じたことや気づいたことをうまく表現できない子がいるので，気づきを引き出す工夫をしていきたい。

（秋山　沙紀）

16 ④介入　うまく進行しない状況に対応するコツ

> 高校　1年　英語Ⅰ
> Dreams Are for Everyone—夢はすべての人のためにある—

ポイント　ねらいどおり進行しない状況に対応する

○授業の最初に黒板に本時の流れを示し，見通しをもって学習に取り組めるようにする。
○ウォーミングアップ，モットーの復習，ペアそしてグループでの話し合いなど，多様な学習形態を取り入れて授業を進める。
○ペアで考えを分かち合う場面を設定することで自信をもって発表できるようにする。

1　授業の概要

(1)　単元のねらい

○障がいをもつある女性の生き方や夢を読み取り，その生き方に関心をもち単語や英文を意欲的に音読する。（意欲・関心・態度）
○主人公の生き方を通して彼女の願いや思いについて考える。また障がいをもつ人が暮らしやすい社会について考える。（思考・理解）
○ペアやグループで自分の考えたことを英語で話し合ったりまとめたりすることができる。（表現・コミュニケーション）

(2)　全体計画（本時12／12時間）

第1次（3時間）　主人公がオーディションを受けた理由　　比較級
第2次（3時間）　ろう学校の児童の笑顔　　不定詞の形容詞的用法
第3次（3時間）　主人公の願い　　現在完了
第4次（3時間）　主人公のモットー　　分詞の形容詞的用法

(3) 本時のねらい
　主人公の生き方について話し合い，自分の夢について考える。
(4) 本時の流れ

	学習活動	指導のコツ
導入10分	・全体であいさつ ・各自「心シート」を書く。 ・本時の流れの説明 ・ウォーミングアップ 　（ペアのパートナーとQ&Aを20問） ・主人公のモットーの復習	・「心シート」で自分の状態を確かめる。 ・生徒が記入している間に本時の流れを板書し，説明する。 ・20問のQ&Aをして楽しく英語を声に出す。
展開30分	宿題のワークシートをもとに英語で話し合う。 ◇ペアで話し合う。 ・主人公の生き方についての感想 ・自分の夢について ・10年後どんな社会であったらよいか。 ◇グループで話し合う。 ・ペアで話したことを分かち合い，グループとしての意見をまとめる。	●机間指導し，英語で話すことがむずかしい生徒を手助けする。 ●うまく話し合っているペアをほめる。 ●うまく話し合いができないペアやグループには，取り組みの良さを指摘する。 ●グループ活動の様子を観察し，教師が感銘を受けたことを話す。
終末10分	・グループでまとめたことをリーダーの生徒が発表する。 ・「振り返りシート」に気づいたことを書き，自己評価する。 ・全体であいさつ	●発表した後に拍手する。 ●発表内容のよいところを話し合う。 ●「振り返りシート」を集め，ひとこと書いて次の授業で渡す。

第4章　対話のある授業をすすめるコツ（実践例）

2　対話のある授業を進めるしかけ

(1) ねらいからはずれている場合の対応として考えたこと

　本単元では，耳の聞こえない女性が女優になりたいという夢をもって困難を乗り越えて映画デビューを成し遂げ，障がいをもつ子どもたちに希望を与えている実話を読み取る。主人公が夢をもって生きる姿から自分自身のことを振り返り，自分の夢を英語で話し，クラスメートの夢を聞くようにしたい。

　ねらいからはずれて活動が進んでいない生徒には，内容に興味をもつように絵や写真を使い視覚から訴えて考えさせる。例えば，スポーツが好きな生徒ならイチロー選手の写真を用意して見せることで自分の夢を話しやすくする。

　また教師が感じたことを自己開示し，話したり発問したりすることによって活動が軌道にのるようにする。会話の上手な生徒には，自分の夢を英語で話してもらい，それをお手本に取り組むようにする。

(2) ねらいからはずれている場合の対応として工夫したこと

　英語で自分の夢を話すとき，まだ決まっていないという生徒がいることが予想された。そこで前時にワークシートを宿題として渡しておく。ワークシートには，10年後はどうしていたいか，どこに住んでいたいか，仕事や服装はどんなものがいいか，どんな社会になっていたらいいかなどの項目を設け，自分の夢を英文でまとめておくようにする。本時ではこれをもとにペアやグループで話し合うようにしたい。

3　指導の実際

❶ペアの活動で自信をつける

　人前で話すことが恥ずかしく，英語が苦手な生徒であってもペアでな

ら話すことができる。本時では前時に宿題として渡しておいたワークシート（10年後はどうしていたいか，どこに住んでいたいかなどの項目）をもとにペアで話し合った。英文にできなかった生徒には，教師が手助けして完成するように援助した。

ペアの相手にうまく話せない生徒には，教師が文章で書いてきたことを「こういうふうに思ったのだね」と紹介する手伝いをした。教師はペアでの会話のやりとりを観察し，楽しく取り組んでいるペアやがんばっている生徒に声をかけたり，全体に紹介したりするようにした。

ペアのよいところを見つけ，認めるようにしたことで，その後グループでの活動では，英語での会話を楽しむ姿が見られるようになった。自信をもって活動する姿をうれしく思った。

❷英語でのコミュニケーションに慣れる

学級には，英文を読んだり，自分のことを表現したりすることに困難を感じている生徒が多かった。このためすぐに英語で話し，深め合うことはむずかしいことが予想された。

そこで授業の最初のアクティビティとして，簡単な英語での質問に答えるQ&Aを行った。Q&Aの内容は，自分の好きな言葉や尊敬する人やその人はどの国の出身かなどである。ペアになり3分間，本時でよく使う英文を練習するようにした。そして自分のモットーや夢を英語で言うことができるようにした。

このほか，苦手な生徒がうまくコミュニケーションできるようにするため，授業の導入で次のような活動を行った。

（a）話しやすい環境をつくるために，例えばパートナーのよいところを言い合うというアクティビティを行う。

"What a nice ～ you have !"

"Thank you."とお互いのよいところを見つける。

（b）生徒間のリレーションを深めるために，英語を使ったゲームを

する。（縦1列ごとが1チームとなって，英語のしりとりゲームや1人1文ずつ書くMaking a Storyゲームをする。）

❸見通しをもって授業に参加する

　授業ではペアで書いた内容を話し合ってからグループの活動を行う本時の流れを授業の最初に説明し，見通しをもって活動できるようにした。話が深まらないペアやグループには，教師が"What do you think of 〜's idea ?"と聞くことで意見の交流を促進するようにした。

　苦手意識が強く，授業のねらいを達成することがむずかしい生徒には，教師が個別に声かけを行った。「もう一度やってみよう」と励まし，教師と一緒に取り組むようにした。そして自分の思いを英語で表現できた喜びを一緒に味わうようにした。

　ペアやグループなど多様な学習活動を進める場合には，授業の最初に学習の流れやどのようなグループで活動を行うかを説明し，生徒が見通しをもって取り組むようにすることが大切である。

❹振り返りシートで関係を深める

　授業の最後に「振り返りシート」で自分が感じたことを記入し，理解度を自己評価することで客観的に活動を振り返るようにした。この振り返りシートを集めて教師が目を通し，朱書きを入れるようにした。生徒が分かち合いで感じたことや気づいたことを認めるコメントを書き，次の授業で返した。

　授業のなかで「○○さんは前の時間よくがんばっていたね」「○○君は相手の目を見て会話したいと書いていたよ」など，振り返りシートの内容をみんなに紹介するようにした。高校生であっても教師から認められることはうれしい様子であった。このような取り組みを続けることで生徒とのリレーションは深まっていった。

4 実践からわかったこと

(1) 子どもの変化
○英語を話すことが苦手な生徒がペアやグループで活動することで会話を楽しむようになった。
○教師がほめたり，子ども同士で認め合ったりする場面を多くすることで自信をもって授業に参加するようになった。

(2) 教師の変化
○ペアやグループの活動を取り入れるときには，授業の最初に活動の流れを示し，見通しをもたせるようになった。
○活動に苦手意識をもっている生徒には，朱書きや机間指導などで個別の配慮をするようになった。
○振り返りシートによって生徒の考えを理解し，授業での声かけに生かすようになった。

(3) 今後の課題
○生徒の考えを受容し，英会話のよいところをほめることで生徒の自己肯定感を高めるようにしたい。
○話をしっかり聞くというマナーを定着させ，シェアリングの話し合いが深まるようにしたい。
○振り返りシートを活用して生徒の実態を把握し，一人一人の指導に生かすようにしたい。

（中畑　幸子）

17 ④介入 うまく進行しない状況に対応するコツ

> 小学校　1年　国語
> こんな　いしを　みつけたよ

☞ポイント　ねらいどおり進行しない状況に対応する

○基本の言い方を示し，ルールにそった話し方や聞き方を続けることで，思ったことを表現することが苦手な子どもも楽しく話し合いに参加できるようにする。
○ペア，グループ，ワークショップ形式での話し合いがうまくできない子どもには，教師が相手になり，モデルを示すことで安心して活動に取り組めるようにする。

1　授業の概要

(1)　単元のねらい

○自分が見つけた特徴や考えた理由を姿勢や口形，声の大きさや速さなどに注意して順序立てて話すことができる。（話すこと・聞くこと）
○友達の話を興味をもって聞くことができる。（伝統的な言語文化と国語の特質に関する事項）

(2)　全体計画（本時4／5時間）

第1次（2時間）　石の特徴を見つけ，クイズをつくろう。
第2次（2時間）　自分の石の特徴を見つけ，つけた名前と理由を友達に紹介しよう。
第3次（1時間）　石の展示会をしよう。

(3)　本時のねらい

　　自分で見つけた石につけた名前とその理由を「～です，～からです」という言い方で相手にわかりやすく話すことができる。

(4) 本時の流れ

	学習活動	指導のコツ
導入5分	1 本時の学習の進め方について確認をする。	・本時の学習の進め方や発表の仕方をカードで黒板に掲示する。
展開30分	2 自分の石の紹介の練習をする。 ◇ペアで練習をする。 ◇グループで練習する。 ◇ワークショップ形式で自分の発表を行う。	●ペアから始めることで自信をつけ，意欲的にグループ練習ができるようにする。 ●友達の話を「いいね」「なるほど」と聞き，話し終わったら拍手をするように指示する。 ●話の聞き方のめあてやルールを守っている子どもをほめる。
終末10分	3 今日の学習カードに本時の振り返りを書き，発表する。 ・最後までちゃんと言っていてわかりやすかった。 ・「○○さん，いいね」と言ってもらえてうれしかった。	・話し手と聞き手の立場から本時の振り返りを行うようにする。 ・なかなか書けない子には，思いを聞き取って書けるように個別に指導する。

2 対話のある授業を進めるしかけ

(1) 活動に入り込めない子どもに対応するために考えたこと

　　1年生の子どもの「聞く力」「話す力」の個人差は大きい。自分の考えを伝える話し方がわからなかったり，聴き方が身についていなかったりなど，技能面で困っている子どもがいる。「みんなの前で話すのが恥ずかしい」「間違えたら嫌だ」と心理的なプレッシャーを感じている子

どももいる。困っていることは子どもによってさまざまである。そのような１年生が，話し方，聞き方を繰り返し練習することで，困り感を減らし，自分の考えや思いを表現できるようにしたい。

　本単元では，「説明する話し方」を習得するために，ペアやグループによる活動を多く取り入れた。そして，自分の考えた石の紹介をしたり，友達の石の紹介を聞いたりする時間をできるだけ多くとるようにした。

(2)　活動に入り込めない子どもに対応するために工夫したこと
○本単元で習得させたい基本の言い方「～です。～からです」を示したワークシートを用意する。ワークシートでは，「石の絵，石の名前，名前をつけたわけ」を自分の力でまとめることができるようにレイアウトを工夫した。また，基本の話し方は黒板に掲示しておくようにした。
○一人学習，ペア学習，グループ学習，ワークショップ式学習をタイミングや構成メンバー，場の設定などに配慮し，ねらいや子どもたちの実態に応じて取り入れた。

3　指導の実際

　本単元では，説明する話し方を習得するために，人に説明したり，お願いしたりするときに「～からです」という言い方ができるようにしたい。
　入学当初から「聞き名人，お話名人になろう」と「相手を見て，うなずきながら聞く」「口を大きく開けて，相手に聞こえる声で話す」などの約束を決め，繰り返し指導をしてきた。また，笑顔スキルタイムという時間を設け，ソーシャルスキルトレーニングや構成的グループエンカウンター等のプログラムを取り入れ，話し方や聞き方，人とのかかわり方のルールやマナーを身につける活動を続けてきた。
　ルールにそって友達の話を聞いたり，自分の話をしたりすることで，自

分と違う考えを発言する友達に対しても「なるほど，それもいいね」「そんな考えもあるんだね」と肯定的に認め合う子どもの姿が見られるようになった。それらを通して身につけた力を生かし，さらに伸ばす場として本学習を位置づけるようにした。

❶基本的な話し方を身につけるワークシートの活用

　本単元で習得させたい「〜です。〜からです」という基本の言い方を示したワークシートを作成した。レイアウトを工夫し，石の絵，石の名前，名前をつけたわけを楽しく書けるようにした。第1次では，教科書にある石を使ってクイズ形式で紹介し合い，第2次は自分の見つけた石の紹介をした。どちらも同じ形式のワークシートを用いた。第1次では，紹介文を作ることができない子どもが多かったが，第2次では，ほとんどの子どもが基本の言い方を使って石の紹介文を書くことができた。まとめる手順がはっきりしたワークシートを使うことで，自分の考えを紹介文に表せるようにした。話し合いでは，基本の言い方で発表することで，「なるほど，○○さんの説明はいいね」「わかりやすかったよ」と認め合う姿が多く見られた。

❷ペア学習やグループ学習で自信をもつ

　本単元の導入では，石に対する関心を高めるために隣の席の友達と石にまつわる自分の体験を話し合った。その際，聞くほうは，「なるほど」「いいね」と相手の言うことをいっさい否定せずに聞くようにした。話すほうは，すべて受け入れてもらえることで，安心して話すことができた。

　石のクイズや自分の石の紹介

[グループ学習の様子]

は，グループで聞き合うようにした。その後，よかったところやアドバイスを伝え合う時間を設けた。すすんで発言することのなかったBさんは，「今日の学習カード」に次のように書いていた。

> 「わかりやすく書いてあっていいね」とAさんたちに言ってもらえてうれしかった。ワークショップは，心配だったけどやってみたくなった。

聞き上手でほめ上手のAさんをペアの相手や同じグループになるように配慮したことがBさんの自信につながった。そしてワークショップでは，生き生きと活動するBさんの姿が見られた。

❸ 話す機会，聞く機会を増やすワークショップ形式

授業では，最初に教科書にある石の紹介をクイズ形式で全体に発表し合う活動を行った。次に自分の見つけた石の紹介では，グループを2つに分け，話し手と聞き手となって発表し合う活動を行った。そして，聞き手のグループが席を移動し，ほかのグループの子どもの話を聞くようにした。同じ説明をいろいろな友達を相手に繰り返すワークショップ形式の活動にしたことで自信をもって堂々と話すようになっていった。

Cさんは，1回目のワークショップのとき，うまく友達に伝えることができず「もうやりたくない」とめそめそしていた。教師が側に行き，上手に話している友達の紹介を一緒に聞いた。その後，「どこがいいと思った」「Cさんは，どんな風にしたい」など友達のよかったところをたずね，「それじゃ，Dさんを真似してやってみよう」と1対1で話す練習をした。初めは，自信がもてないためか声が小さく聞き取りにく

［ワークショップの様子］

かった。教師と繰り返し練習をして，説明の紙を見なくてもできるようになると，声も大きくなり顔を見て言えるようになった。同じグループの子どもたちが「Cさん，上手になったね。よくわかるよ」と認めてくれた。Cさんは，2回目のワークショップでは「Dさんのように相手を見てはっきりと言うこと」をめあてに取り組み，「お客さんがしっかりと聞いてくれてうれしかったです」と振り返っていた。

4 実践からわかったこと

(1) 子どもの変化
○基本の言い方を示したワークシートを繰り返し活用し，話す経験を重ねることで，子どもは自信をもって考えを発表し，伝えることができるようになった。
○必要に応じて教師がペアの相手をしたり，モデルとなったりすることで，できなかった子どもも安心して活動に取り組むようになった。

(2) 教師の変化
○ペアやグループのメンバーをねらいや実態，ニーズに応じて構成することが大切であることを認識し，場面に応じてメンバーを変え，タイミングを配慮してペアやグループでの活動を行うようになった。
○活動に入り込めない子どもがいたとき，言葉によるアドバイスだけでなく，教師がペアの相手となったり，一緒に考えたり，練習をしたりする援助ができるようになった。

(3) 今後の課題
ペア，グループ，ワークショップ形式の活動をいろいろな教科の授業場面に取り入れることができるように進め方を工夫していきたい。

(古畑　裕香里)

18　④介入　うまく進行しない状況に対応するコツ

小学校　4年　理科
物の体積と温度

> 👉ポイント　抵抗を示したり，ダメージを受けたりしている子どもに対応する
> ○メンバーや役割を決め，わかりやすくルールを提示することで実験に集中できるようにする。
> ○のってこない子どもに，教師は叱責するのではなく，根気強く対応し，仲間との関係やのれない理由など子ども側に立った理解に努める。

1　授業の概要

(1)　単元のねらい
　○温度による物の体積変化の特徴を適用し，身の回りの現象を見直そうとする。(自然事象への関心・意欲・態度)
　○金属，水および空気の体積変化と温度を関係づけて考察し，自分の考えを表現することができる。(科学的な思考・表現)
　○金属，水および空気の体積変化の様子の特徴を調べ，その過程や結果を記録することができる。(観察・実験の技能)
　○金属，水および空気は，温めたり冷やしたりすると，その体積が変わることを理解する。(自然事象についての知識・理解)

(2)　全体計画（本時2／8時間）
　第1次（3時間）　空気の体積と温度の関係を調べよう
　第2次（3時間）　水の体積と温度の関係を調べよう
　第3次（2時間）　金属の体積と温度の関係を調べよう

(3)　本時のねらい
　空気を温めたり冷やしたりしたときの体積の変化を実験で調べ，その

わけを意欲的に考える。

(4) 本時の流れ

	学習活動	指導のコツ
導入5分	1 ペアで実験方法を確認し，実験準備をする。 ・湯に入れて温めるのと，氷水に入れて冷やすのと両方の実験をして膜の大きさを比べてみよう。	・前時のノートをもとにねらいを確かめる。見通しをもった予想を立てさせ，ペアで内容を確認させる。
展開20分	2 試験管の口に石けん水の膜をつくり空気を温めたり冷やしたりして容器のなかの空気の体積の変化を調べる。 ◇グループで実験する。 ・試験管を湯に入れたら，石けん水の膜がふくらんできたぞ。 ・氷水に入れたら，膜が初めの位置より下がったよ。 ◇グループでわけを話し合う。 ・試験管のなかの空気が温められてふくらんだと思う。	●実験の役割や記録方法を指示し，すすんで実験できるようにする。 ●実験に消極的な子どもには，「やりたくないの？どうして？」と，その子どもの気持ちを確かめ，ほかの子どもに協力してもらい実験を進める。 ●消極的な子どもにグループの子どもたちからあたたかい言葉をかけるように促す。 ●声をかけられた子どもの気持ちを聞き，みんなに広める。
終末20分	3 湯のなかに入れた容器から，栓が飛び出す演示実験を見て話し合う。 ・空気鉄砲のときと同じように，空気が出ているよ。 ・容器のなかの空気の体積が大きくなったんだと思う。	・教師の周りに集まり，距離感を縮めることで話しやすい雰囲気をつくる。 ・次時の「水の体積と温度の関係を調べよう」という課題を板書する。

2 対話のある授業を進めるしかけ

(1) 抵抗を示している子どもに対応するために考えたこと

　本単元では，ペアでの実験準備，グループでの実験・話し合い，全体で演示実験を見た後の話し合いなど，1時限のなかに多様な学習形態を取り入れた。最初にペアの相手に予想を伝えるようにすることで，実験のねらいをはっきりさせる。また，グループで実験を進めることで消極的な子どもが仲間の役に立っている有用感を味わえるようにしたいと考えた。

(2) 抵抗を示している子どもに対応するために工夫したこと

○消極的な子どもが授業のなかでかかわり合い，学び合うことができるように，意図的なペア活動，グループ実験を取り入れる。
○理科室でのルールや指示を掲示し，何をどのように行うのかを視覚的に訴えるようにすることで学習活動に見通しをもたせる。
○実験結果の考察をする場面では，教師の周りに集まり話し合うことで自由に思ったことを分かち合うようにする。

3 指導の実際

　本単元では，温度による空気，水，金属の体積の変化を，実験をして実際に見て考える。試験管の口に石けん水の膜をつくったり，空の容器に栓をして温め栓が勢いよく飛んだりする実験から，物は温度によって体積が変化することに気づかせる。

　子どもが不思議だと思う現象を提示することで，物の温まり方と体積の変化の関係を意欲的に追究するようにする。けれども，実験器具の扱いに慣れていなかったり，特定の子どもが実験を独占したりするために，必ずしも実験のねらいにそって学習が進まないことが予想された。

このため授業では，実験準備の段階から，役割をはっきりさせ，ペアやグループで実験するようにした。また，教卓の周りに集まり演示実験を見て考えたことを全体で分かち合う場を設定した。

❶意図的なペアで実験の準備をする

　試験管やペトリ皿を必要数用意する実験の準備は，前時に決めておいたペアで行った。実験器具の取り扱いに慣れていないこととリレーションが深まっていない学級の実態から，ペアは一緒に活動しやすい同性にした。教師は，授業の開始時間より前に教室に入り，準備の様子を見守るようにした。

　準備の段階から２人で活動するようにしたことで，器具の名称を友達同士で確かめるなど自然なかかわりが生まれた。そして，その後の実験では，怖がることなく実験器具を取り扱っていた。ペアの活動を取り入れたことで実験の準備をスムーズに行うことができ，実験への意欲や心構えを高めることができた。

❷役割をはっきりさせ実験する

　実験は，ペアをもとにした４人のグループで行った。黒板には，あらかじめ実験のめあてや方法，おもな予想などをカードで掲示し，だれが見てもわかるようにした。

　実際の授業の流れは，以下のとおりである。

○テーブルで実際の実験器具を使って手順や流れを見せ，わかりやすくデモンストレーションすることで見通しをもってグループ実験に取り組ませる。

○最初に試験管を使う人を決め，時計回りに順番を送るなど，役割や順

番を細かく指示する。
○「実験は10分でしてください」「あと，1分です」など，時間を意識させる声かけをする。

実験では，役割や順番をはっきりさせて進めることで指示待ちの子どもが減った。そして特定の子どもが実験を独占することもなく，時間内に実験を終えることができた。

❸ 多様な学習展開で子どもを引きつける

本時では，1次限のなかに，ペア→グループ→全体という授業形態を組み合わせ，さらに，実験準備→グループ実験→演示実験と展開するようにした。多様な授業形態であったが，実験の動きを黒板にわかりやすく掲示したことで，立ち歩いたり，実験に参加しなかったりする子どもは見受けられなかった。

また，集中力を持続させる限度を1モジュール（20分程度）と考え，授業を組み立てた。グループで行う実験と演示で行う実験をそれぞれ1モジュールとして時間を区切って行うことで，子どもたちは目を輝かせて実験に取り組んでいた。このように多様な学習展開は子ども同士のつながりが深まり，グループで互いの良さを認め合う姿が見られた。

❹ のらない子どもがいるときこそかかわりが育つ

子どもは，教師が自分のことを認め，見守ってくれていると感じれば，落ち着いて授業に取り組む。実験に消極的な子どもに対して，「何でやらないんだ」という高圧的な態度ではなく，「じゃ，そこで見ていてね」と語りかけ，ペアで分かち合うときに気持ちを話すようにした。ノートに授業を振り返って書く「理科日記」に参加できなかった自分の気持ちを書く子どももいた。

また，実験にすすんで取り組もうとしない子どもがいるグループには，みんなで取り組むように指示したり，協力するために声かけすることを促すように助言した。何人かの子どもは，「一緒にやろうよ」「よく

見ていてね」「記録を手伝ってくれない」など，声をかけていた。

　このようにやる気を示さない友達をすぐに非難したり，嫌な顔をしたりしないであたたかい言葉をかけることは，リレーションを深め，子どもの関係の改善に役立った。

4　実践からわかったこと

(1) 子どもの変化
○ペアやグループでの話し合いや活動を嫌がらずに取り組むようになり，友達とかかわり合うことを楽しむようになった。
○グループで実験をするときに，配慮が必要な子どもを気にかけて役割を分担するようになった。
○すすんで取り組もうとしない子どもをすぐに非難するのではなく，あたたかい言葉をかけることができるようになった。

(2) 教師の変化
○ほかの教科の授業でも多様な展開を工夫することで，子どもを飽きさせない活動を仕組むようになった。
○望ましい行動を具体的に指示したり，適切な行動をほめたりすることで，叱責しないで指導を進めることを心がけるようになった。

(3) 今後の課題
○「子どもは，授業にすすんで参加すべきである」というビリーフをもっている教師は多い。教師は子どもの立場に立ち，のれない理由を考える姿勢をもつようにしたい。
○グループ内の子どもの助け合いがうまくいかない場合の教師の援助の仕方のバリエーションを増やしたい。

（髙島　英公子）

19 ④介入 うまく進行しない状況に対応するコツ

小学校　5年　外国語活動
学習発表「英語で話そう」の準備を進めよう

👉ポイント　抵抗を示したり，ダメージを受けたりしている子どもに対応する

○グループの活動についていけない子どもには，がんばっていることを認めることで活動に参加できるようにする。
○グループでシェアリングを行い，気づきや思いを広げることで活動を円滑に進める。

1　授業の概要

(1)　単元のねらい

○外国の言語や文化について体験的に理解を深める。
○外国語の音声や基本的な表現に慣れ親しみ，コミュニケーションを楽しもうとする。
○外国語活動で学習したことや外国語で表現する楽しさが聞く人に伝わるように，グループで協力して工夫することができる。

(2)　全体計画（本時5／6時間）

　第1次（1時間）　学習発表の計画を立てよう
　第2次（3時間）　観る人に英語の楽しさが伝わるように，シナリオを作って練習しよう
　第3次（2時間）　学習発表を完成させよう

(3)　本時のねらい

　外国語活動で学習したことや外国語で表現する楽しさが観る人に伝わるように，グループで協力して表現することができる。

(4) 本時の流れ

	学習活動	指導のコツ
導入5分	1　本時のめあてや活動の流れを確認する。	・観る人に伝えるためのポイントを確認する。 　声の大きさ　話す速さ 　抑揚　表情　ジェスチャー
展開30分	2　発表練習をする。 ◇グループで発表練習をする。 ・"I'm sleepy."と言うところは，あくびをしながら言うと，眠いということが伝わるかな。 ・"No, I don't."のときは，両手で大きな×をつくって言うといいね。 ・自己紹介は，できるだけゆっくりとした速さで話そう。好きなものは，絵カードを見せたら低学年の子にもわかるかな。 ◇全体を通して発表練習をする。 ・チャンツのときは，体全体でリズムをとりながら楽しく言おう。	●4～5人の生活グループで分担し，つなぐと全体が完成するようにする。 ●練習スペースを割り当て，グループで自由に練習する。 ●グループの活動についていけない子どもを見つけ，ほかの子どもが思いに気づくように声をかける。 ●打ち込めない子どもは，友達の気持ちを聞いて考えるようにする。 ・教師は，観客の立場から，声の大きさ，話す速さ，表情などについて，助言をする。
終末10分	3　学習を振り返って気がついたことや思ったことを紹介し合う。 ・緊張すると怖い顔で早口になってしまう。観る人が楽しめるように，笑顔でゆっくりと話すようにしたい。	●グループで振り返りをする。 ●子どもたちの学習の様子について，教師が気づいたことや感じたことを話す。

2 対話のある授業を進めるしかけ

(1) 活動に打ち込めない子どもへの対応として考えたこと

　本単元では，5年生の外国語活動で学習した内容からいくつかを選び，学習発表の準備をする。発表をグループで分担し，友達と協力して活動する。下級生や保護者に，英語のコミュニケーションの楽しさを伝えることを工夫することで，友達と活動する楽しさに気づかせたい。

　グループで発表をつくる過程で，意見の相違や準備が思うように進まないことに伴いトラブルが起きることが予想される。シェアリングで互いの考えや思いを認め合うようにすることで解決をめざしたい。

(2) 活動に打ち込めない子どもへの対応として工夫したこと

○生活グループで発表を分担し，発表を観る下級生や保護者に伝えるための表現を工夫する。
○意見の相違によるトラブルが起きた場合は，互いのがんばりを認め，考えや思いを聞き合うことで解決をめざす。
○観客の視点で練習を見て，子どもたちが伝えようとしていることがどのようにしたら伝わるかについて助言する。
○シェアリングで，めあてに照らして活動を振り返り，友達と協力してつくり上げる良さに気づくようにする。

3 指導の実際

　子どもたちは，外国語活動を通して世界の国々の文化や英語での表現に興味をもち，友達とのコミュニケーションを楽しんでいる。本単元では，「学習発表会で，外国語活動で学習したことや英語で表現しコミュニケーションをする楽しさを発表しよう」と投げかけ，発表する内容を全体で話し合った後，グループで分担して準備を進める。子どもたちは，英語で表

現しコミュニケーションをする楽しさを伝えようと，アイデアを出し合い協力して取り組んだ。

しかし，グループで考えがまとまらなかったり精一杯表現しているつもりでもうまく伝わらなかったりして，グループ活動に打ち込めない子どもが出てきた。そこで，グループ活動のめあてを明確にし，活動後にシェアリングを行うことで互いの思いを分かち合うようにした。また，グループで演じる側と観る側に分かれたり教師が観客の立場から助言したりすることで，よりよい表現をめざすようにした。

「英語での買い物の場面」を担当したグループは，店員役のAさんと買い物客役のBさんの声が小さくせりふが不明瞭だった。教師は，離れて聞くと何を言っているのかよくわからないことを指摘したが，その後も声の大きさはあまり変わらなかった。そこで，大きな声を出すことがむずかしいならほかの子と役割を交替してもよいのではないかと提案した。AさんもBさんも自分の役を続けることを希望し，グループの子どもたちは2人をサポートすることを話し合った。その後は，「もっとゆっくり」「大きな口をあけて」と友達からアドバイスをもらいながら熱心に練習に取り組んだ。当日は，大きな力強い声で堂々とせりふを言うことができた。

❶生活グループで活動する

　子どもたちは「世界の国々の『こんにちは』」「英語でのあいさつ」「世界の国々のじゃんけん」「英語での自己紹介」「英語での買い物の場面」を発表の内容に選んだ。観る人によく伝わるようにしたいというめあてをもち，グループでアイデアを出し合って，発表方法やせりふ，動きなどを決めた。休み時間には，熱心に小物をつくる姿も見られた。全体練

習の前のグループ練習では，声の大きさを聞き合い，わかりやすい動きを工夫する姿が見られた。

❷教師は調整役，アドバイザーを担当する

教師は，発表がスムーズにつながるように，グループ間の調整を行った。また，観客の立場から発表練習を見て，表現したいことが伝わる発表になっているかアドバイスをした。

「英語でのあいさつ」のやりとりを観て「Bさんは，"I'm sleepy." と言うとき，もっと大きなあくびをして背伸びをしながら言ったほうが，遠くから観ている人にもわかりやすいのではないかな」「いまのBさんの声は，とても小さくて後ろのお客さんには聞こえないと思うよ」などとアドバイスをすることで，子どもたちは，もっとよく伝わる発表にしようと工夫を重ねていった。

❸シェアリングで友達の思いに気づく

Cさんの声は，ほかの子どもの声と比べて低く調子が強いために乱暴に聞こえてしまう。何度か声かけをしたが，自分はこのような声しか出せないからと言いきり，試みようとしない。そこで，一度ステージを降りて友達の発声の仕方を聞いてみてはどうかと提案した。Cさんは不満そうな顔でステージを降りてきた。グループの子どもたちは，自分の役割に加えてCさんの代わりのせりふも分担しながらグループの発表をした。Cさんは顔をそむけ，練習を観ることはなかった。

練習後のシェアリングで，グループの子どもたちに「いまの練習にCさんが参加していなかったけれども，そのことをどう思うの？」と問いかけた。子どもたちは「自分の仕事がいっぱいあって，Cさんがいないとき大変だった。Cさんがいないと困るので，ぜひ参加してほしい」「Cさんもグループの大事な1人。戻ってほしい」と話した。どの子も同じ考えだった。Cさんは，じっと聞いているだけで自分の思いを話すことはなかったが，次からは明るく響きのある声で練習に参加していた。

1か月後，学期末に行った学級の話し合いで，Cさんは「学習発表の練習でぼくが練習から抜けたとき，グループのみんなが，ぼくがいないと困ると言ってくれてうれしかった。ありがとう」とそのときの思いを話していた。

4　実践からわかったこと

(1)　子どもの変化
○グループごとに発表を分担したことで，子どもたちは「観る人によくわかるように表現したい」という願いをもって工夫を重ね，協力して活動していた。
○活動後のシェアリングを十分に行ったことで，心にダメージを受けて活動に意欲を失っていた子どもが友達の願いを知り，活動への意欲を取り戻し行動を修正することができた。

(2)　教師の変化
○授業にグループで協力してつくり上げる活動を多く取り入れるようになった。
○子どもの不適切な行動について，教師がすぐに指導するのではなく，友達の声に耳を傾けることで本人に考えさせ，自分の行動を決定させるようになった。

(3)　今後の課題
○グループ間の調整の役割を子どもに委ね，自治的な活動ができるようにしていきたい。
○子どもが心的なダメージを受けた場合，子ども同士が思いを伝え合うことで感情や行動の変容を促す対応を工夫していきたい。

（島田　昌美）

引用・参考文献

◇序文
二宮皓　編（2006）『世界の学校』学事出版
河村茂雄（2010）『日本の学級集団と学級経営』図書文化
河村茂雄・武蔵由佳・粕谷貴志（2005）「中学校のスクールカウンセラーの活動に対する意識と評価―配置校と非配置校の比較―」（日本カウンセリング学会『カウンセリング研究』, 38・1, 12-21）
新井邦二郎・伏見陽児　編著（1995）『教室の動機づけの理論と実践』金子書房
麻柄啓一（1993）『授業づくりの心理学』国土社
麻柄啓一　代表編集（2006）『学習者の誤った知識をどう修正するか』東北大学出版会
河野義章　編著（2009）『授業研究法入門』図書文化

◇第1章
岸俊彦（1981）『教授学習過程の研究』明星大学出版部
谷沢永一・渡部昇一（1997）『人生は論語に窮まる』PHP研究所
新改訳聖書刊行会（1987）『聖書　新改訳』日本聖書刊行会
増谷文雄（1970）『原初経典・阿含経』筑摩書房
若林虎三郎・白井毅　編著（1884）『改正教授術』普及舎
重松鷹泰・岸俊彦（1979）『わかる授業のすすめ方』第一法規出版

◇第2章
國分康孝（2009）『教育カウンセリング概説』図書文化
國分康孝（1983）『カウンセリング教授法』誠信書房
國分康孝・大友秀人（2001）『授業に生かすカウンセリング』誠信書房
大友秀人　代表編集（2012）『教育カウンセリングとイノベーション』三恵社
スクールカウンセリング推進協議会（2011）『ガイダンスカウンセラー入門』図書文化

◇第3章
河村茂雄・藤村一夫　編著（2004）『授業スキル　学級集団に応じる授業の構成と展開』図書文化
尾崎勝・西君子（1996）『授業に生きるカウンセリング・マインド』教育出版
松原達哉　編著（1998）『カウンセリングを生かした授業づくり』学事出版
國分康孝・小野瀬雅人・福島脩美・服部ゆかり　編（1998）『授業に生かす育てるカウンセリング』図書文化
斉藤優・諸富祥彦　編『授業の技を極める40のコツ』（2004）教育開発研究所
大友秀人（2002）「教師サポートのあり方（2）授業スキルのスーパービジョンについて」（日本カウンセリング学会『日本カウンセリング学会第35回大会発表論文集』）
八並光俊・國分康孝　編（2008）『新生徒指導ガイド―開発・予防・解決的な教育モデルによる発達援助』図書文化
吉田新一郎（2006）『効果10倍の〈教える〉技術―授業から企業研修まで』PHP新書
水上和夫（2006）「授業に生かすカウンセリングに関する研究―カウンセリング導入スキルによる授業の活性化―」（日本教育カウンセリング学会『日本教育カウンセリング学会研究発表大会発表論文集』, pp.121-122）
水上和夫（2008）「授業に生かすカウンセリングに関する研究（3）―自己開示スキル向上が授業者に及ぼす効果―」（日本教育カウンセリング学会『日本教育カウンセリング学会研究発表大会発表論文集』, pp.81-82）
水上和夫（2010）「授業に生かすカウンセリングに関する研究（5）―グループ・アプローチ導入スキルが対話のある授業づくりに及ぼす効果―」（日本教育カウンセリング学会『日本教育カウンセリング学会研究発表大会発表論文集』, pp.58-59）
水上和夫（2012）「授業に生かすカウンセリングに関する研究（7）―学習活動づくりのスキル習得による学び合いの授業力向上の検証―」（日本教育カウンセリング学会『日本教育カウンセリング学会発表論文集』, pp.156-157）

◇第4章
國分康孝・國分久子監修（2009）『エンカウンターで保護者会が変わる―保護者と教師がともに育つエクササイズ集　小学校』図書文化

「資料」
・資料1　グループづくり用ワークシート（「この指とまれ！で仲間づくり」）
・資料2　アドバイス・カード

あとがき

　授業研究において大先輩の岸先生，日本教育カウンセリング学会理事長河村先生，そして富山で授業の実践とワークショップを行ってきた水上先生と一緒に『対話のある授業』を出版することができた。水上先生は富山県支部代表として，私が青森県支部代表として，お互いの支部の講座を担当しながら交流を深めてきた。今回の実践例を見ても富山県支部のメンバーの実践者が多く育っており，喜びに堪えない。

　1999年にNPO日本教育カウンセラー協会が誕生し，第11回の日本教育カウンセリング学会のテーマが初めて「授業」となった。私自身理科の高校教員としてSGEを授業に取り入れてきた。いま，研究者の立場で，実践者の視点をもった研究者をめざしている。この大会を契機に，学級経営や授業づくりという，教師にとって教育の根幹にかかわる主テーマが，講座としても学会発表としても今後増えることを願いたい。　　　（大友秀人）

　授業にグループ・アプローチを取り入れている教師が，子どもや同僚そして保護者から認められるようになってほしい。そんな思いをもって2003年，授業づくりワークショップを始めた。そしてワークショップから生まれたグループ・アプローチ活用スキルは，かかわり合いや学び合いをつくりだし，対話のある授業を進めるスキルであることが明らかになった。

　学校生活は，授業生活である。授業での「ふれあい」や「つながり」が学校生活を充実させ，子どもの成長を促進する。いま，育てるカウンセリングに求められるのは，授業による人間関係づくりや学級づくりである。

　実践編では，対話のある授業によって子ども，教師が変わった取組みを紹介した。対話のある授業は学級づくりに悩む教師の指導力を向上させる。スキルアップのための対話のある授業づくりワークショップは，新しい授業研修の形である。本書がこれからの学校現場で授業づくり，学級づくりに活用されることを願っている。　　　　　　　　　　　　（水上和夫）

〔執筆者〕

高川　芳昭	南砺市立福光中部小学校教諭	第4章実践1
島田　昌美	魚津市立上中島小学校教諭	第4章実践2，同実践19
荒田　修一	富山市立古里小学校教頭	第4章実践3
村田巳智子	富山市立新保小学校教頭	第4章実践4
森沢　勇	富山市立愛育園児童指導員	第4章実践5
永田　悟	富山県総合教育センター教育相談部教育相談訪問指導員	第4章実践6
水畑久美子	富山市教育センター大沢野適応指導教室教育指導員	第4章実践7
高田　公美	南砺市立福野小学校教諭	第4章実践8
池田　陽一	石川県立いしかわ特別支援学校教諭	第4章実践9
藤井　朋子	高岡市立南条小学校教諭	第4章実践10
赤座　和子	富山市立堀川中学校教諭・カウンセリング指導員	第4章実践11
黒田　陽子	高岡市立木津小学校教諭	第4章実践12
三田　祐輔	魚津市立大町小学校教頭	第4章実践13
杉本　淳子	砺波市立庄川小学校教諭	第4章実践14
秋山　沙紀	魚津市立大町小学校教諭	第4章実践15
中畑　幸子	富山県立滑川高等学校臨任講師	第4章実践16
古畑裕香里	富山市立古沢小学校教諭	第4章実践17
髙島英公子	高岡市立定塚小学校教諭	第4章実践18

※2013年7月1日現在

〔編者〕

岸　　俊彦	明星大学名誉教授　まえがき，第1章
水上　和夫	富山県公立学校スクールカウンセラー　第3章
大友　秀人	北海商科大学教授　第2章
河村　茂雄	早稲田大学教育・総合科学学術院教授　序文

意欲を高める・理解を深める
対話のある授業──教育カウンセリングを生かした授業づくり

2013年9月10日　初版第1刷発行　［検印省略］

編　　集	岸俊彦，水上和夫，大友秀人，河村茂雄 ©
発行人	村主典英
発行所	株式会社 図書文化社
	〒112-0012　東京都文京区大塚1-4-15
	Tel. 03-3943-2511　　Fax. 03-3943-2519
	振替　00160-7-67697
	http://www.toshobunka.co.jp/
組版印刷装幀	株式会社 加藤文明社印刷所
製　　本	株式会社 村上製本所

JCOPY〈(社)出版者著作権管理機構　委託出版物〉
本書の無断複写は著作権法上での例外を除き禁じられています．複写される場合は，そのつど事前に，(社)出版者著作権管理機構（電話03-3513-6969, FAX03-3513-6979, e-mail: info@jcopy.or.jp）の許諾を得てください．

乱丁・落丁本の場合はお取り替えいたします．
定価はカバーに表示してあります．
ISBN978-4-8100-3633-6　C3037

教育カウンセリングの本

教育カウンセリング概説
子どもたちの発達課題を解決し成長を援助する
國分康孝著　A5判　**本体：1,000円**

10分でできる　なかよしスキルタイム35
國分康孝・國分久子監修　水上和夫著　B5判　**本体：2,200円**

授業づくりのゼロ段階　Q-U式授業づくり入門
河村茂雄著　A5判　**本体：1,200円**

授業スキル　小学校編・中学校編
河村茂雄ほか編集　B5判　**本体：各2,300円**

教師のためのエンカウンター入門
片野智治著　A5判　**本体：1,000円**

ガイダンスカウンセリング
國分康孝・國分久子監修　片野智治著　四六判　**本体：1,800円**

教師のコミュニケーション事典
國分康孝・國分久子監修　A5判　**本体：5,400円**

教育実践者のための調査研究入門
リサーチマインドとリサーチデザイン
日本教育カウンセリング学会編著　B5判　**本体：2,800円**

新生徒指導ガイド　開発・予防・解決的な教育モデルによる発達援助
八並光俊・國分康孝編集　B5判　**本体：2,400円**

新しい生徒指導の手引き
すぐに使える「成長を促す指導」「予防的な指導」「課題解決的な指導」の具体的な進め方
諸富祥彦著　四六判　**本体：1,800円**

図書文化

※定価には別途消費税がかかります。